Severino Pagani

A LINGUAGEM DO AMOR

REFLEXÕES ACERCA
DA SEXUALIDADE E DO MATRIMÔNIO
PARA JOVENS ENAMORADOS

Dados Internacionais de Catalogação na Publicação (CIP)
(Câmara Brasileira do Livro, SP, Brasil)

Pagani, Severino
  A linguagem do amor : reflexões acerca da sexualidade e do matrimônio para jovens enamorados / Severino Pagani. – São Paulo : Paulinas, 2012. – (Coleção pastoral da família)

Bibliografia.
ISBN 978-85-356-3088-6

1. Amor 2. Casais - Aspectos religiosos 3. Ética sexual 4. Sexo - Aspectos religiosos 5. Valores (Ética) 6. Vida cristã I. Título. II. Série.

12-02798   CDD-241.66

Índice para catálogo sistemático:

1. Casais : Ética sexual : Cristianismo   241.66
2. Sexualidade : Ética religiosa : Cristianismo   241.66

Título original da obra: *Le Parole dell'amores*
© 2004, Edizioni San Paolo s.r.l. - Cinisello Balsamo (MI)

Citações bíblicas: *Bíblia Sagrada*. Tradução da CNBB. 7. ed., 2008.

Direção-geral: Bernadete Boff
Editora responsável: Andréia Schweitzer
Tradução: António Maia da Rocha
Copidesque: Mônica Elaine G. S. da Costa
Coordenação de revisão: Marina Mendonça
Revisão: Sandra Sinzato
Assistente de arte: Ana Karina Rodrigues Caetano
Gerente de produção: Felício Calegaro Neto
Projeto gráfico: Manuel Rebelato Miramontes

1ª edição – 2012

Nenhuma parte desta obra poderá ser reproduzida ou transmitida por qualquer forma e/ou quaisquer meios (eletrônico ou mecânico, incluindo fotocópia e gravação) ou arquivada em qualquer sistema ou banco de dados sem permissão escrita da Editora. Direitos reservados.

Paulinas

Rua Dona Inácia Uchoa, 62
04110-020 – São Paulo – SP (Brasil)
Tel.: (11) 2125-3500
http://www.paulinas.org.br – editora@paulinas.com.br
Telemarketing e SAC: 0800-7010081

© Pia Sociedade Filhas de São Paulo – São Paulo, 2012

Sumário

Prefácio 5
CAPÍTULO 1 – História de amor 9
   O olhar 9
   A intimidade 11
   A comunhão 12
CAPÍTULO 2 – Corporeidade espiritual 15
   O relacionamento afetivo 15
   A base emocional 16
   A parábola do sentido 19
   A confusão do corpo 21
   A luz do corpo 24
CAPÍTULO 3 – Amor e mistério 27
   Exposição 27
   Misterioso 28
   Relação 30
   Simbolicidade 32
   Sexualidade 37
   Educação 39
   Existência 44
CAPÍTULO 4 – Corporeidade e palavra 47
   Liberdade corporal 47
   Diferença sexuada 49
   Fecundidade e comunicação 50

Corporeidade e cultura 53
Singularidade e polivalência 54
Matéria e ambiguidade 57
Harmonia e temporalidade 59
CAPÍTULO 5 – O sexto dia 61
O corpo é para o Senhor 61
O início 62
A imagem 65
A diferença 66
A fecundidade 68
O domínio da terra 69
A beleza 71
CAPÍTULO 6 – O itinerário afetivo-espiritual 73
Luz do Evangelho 73
Itinerário espiritual 75
Comunidade cristã 77
Doutrina espiritual 79
Maturidade vocacional 81
CAPÍTULO 7 – O namoro e o noivado 85
A confiança 85
As intenções 87
As raízes 88
As palavras 89
Os gestos 90
As paciências 92
Os medos 93
Os projetos 94
As orações 95

Prefácio

Há alguns anos, o CISF (Centro Internacional de Estudos sobre a Família, Itália), em colaboração com a Comissão Nacional para a Pastoral Familiar da CEI (Conferência Episcopal Italiana), encomendou uma pesquisa, intitulada *"Escutando o presente para projetar o futuro"*, em todas as dioceses italianas para obter dados e informações sobre o estado da Pastoral Familiar na Itália.

Entre as indicações dessa investigação, deu-se realce especial à ligação escassa que atualmente existe entre os cursos específicos de preparação para o matrimônio (que se realizam nas proximidades das núpcias) e a educação para o amor e para a afetividade dos adolescentes e jovens, em geral, pelo fato de haver pouca colaboração entre as duas realidades (Pastoral Familiar e Pastoral da Juventude).

Por isso, levanta-se uma questão relevante: como pensar em preparar para o matrimônio cristão pessoas que, há anos, não só estão longe de qualquer pensamento cristão, como também, embora tenham permanecido na órbita da vida eclesial, com toda a certeza, não receberam nenhum anúncio sobre a visão cristã do amor e da afetividade, sobre o valor sacramental e vocacional do matrimônio?

De fato, uma Pastoral da Juventude deslocada, acerca do matrimônio e da família, não fornece a *preparação* remota que predispõe o terreno para a efetiva possibilidade de uma sementeira fecunda do *evangelho do matrimônio*. E não só porque também constitui – se assim podemos dizer – um contratestemunho daquela "unitariedade" da Pastoral (cujo centro unificador deveria ser precisamente a família), que repetidamente os bispos invocam.

É por isso que se deve saudar com satisfação um livro como este, que, apesar das suas reduzidas dimensões, fornece um fundamento muito sólido sobre a forma de estruturar reflexões e ações dirigidas aos adolescentes e jovens, para que se aproximem, de modo franco, explícito e humanamente rico da mensagem cristã, do corpo, da sexualidade e do matrimônio. Ao longo dos seus capítulos, intimamente ligados, vai-se delineando um ícone da relação homem-mulher, fortemente presa à antropologia bíblica e, ao mesmo tempo, respeitadora, que sabe aproximar-se das modernas aquisições da psicologia. Portanto, não se trata de uma demonização da corporeidade e da sexualidade, mas um olhar respeitoso que sabe aproximar-se da pessoa, tendo bem firmes os dois polos – *amor* e *mistério,* como são definidos sugestivamente no terceiro capítulo –, no interior dos quais se forma a maturidade afetiva do homem e da mulher, certamente não isenta de ambiguidades, mas também fecunda de oportunidades extraordinárias.

Nesse sentido, a obra de Severino Pagani caracteriza-se por ser *fundante,* isto é, tem a capacidade de fornecer os conteúdos basilares – expostos de maneira sintética, mas clara e profunda –, a partir dos quais se poderá elaborar a aproximação às pessoas concretas – rapazes e moças – que ainda se consegue encontrar nas nossas iniciativas pastorais, e também àquelas que frequentemente já não conseguimos encontrar, precisamente porque, muitas vezes, nos nossos ambientes, as propostas e as linguagens estão longe da realidade concreta – a partir da esfera da corporeidade, da afetividade e das pulsões mais profundas – em que elas vivem.

Portanto, caberá aos operadores – presbíteros, educadores, animadores e agentes empenhados na Pastoral da Juventude, a quem o livro é dirigido e, como é natural, juntamente com os próprios jovens – fazer brotar destas páginas iniciativas e ações reais que, com criatividade e um uso prudente das linguagens mais adequadas, saibam acompanhá-los na descoberta da beleza e da riqueza da vocação ao matrimônio cristão.

A propósito, vem-me à mente um episódio pessoal de que, aliás, surgiu a ideia deste volume. Há algum tempo, o vicariato da Diocese de Milão em que resido organizou uma série de encontros sobre a educação da afetividade dirigidos aos adolescentes e aos jovens da localidade. A apresentação de um deles foi confiada precisamente a Severino Pagani. Na ocasião, participei do encontro juntamente com o meu filho de 18 anos. A lembrança ainda está viva e vívida: estavam presentes mais de quatrocentos jovens, apinhados por todos os cantos da sala, sem respirar, os quais seguiram com muitíssima atenção as palavras do conferencista. A mensagem parece-me clara: entre os jovens há certamente uma grande expectativa, uma grande necessidade de propostas válidas, de discursos comprometidos, mas libertadores, sobre o modo como viver as relações e as trocas afetivas. Cabe-nos dar respostas adequadas, a partir de tudo o que nas páginas seguintes é proposto com autêntica paixão e competência.

Pietro Boffi
Responsável pelo Serviço de Documentação do
Centro Internacional de Estudos sobre a Família.

CAPÍTULO 1

História de amor

> *O corpo é capaz de tornar visível o que é invisível: o espiritual e o divino. Ele foi criado para transferir o mistério para a realidade visível do mundo.*
>
> (Karol Wojtyla)

O olhar

O encontro nasce com um olhar e tem a força luminosa de um milagre. Quando um homem e uma mulher se encontram e decidem viver juntos, percebem imediatamente, por intuição e sensibilidade, mas também por graça, que terão muitas coisas a dizer um ao outro. Lentamente, começa neles um longo processo de comunhão, uma procura mútua, no corpo e no espírito, na jubilosa presença de duas liberdades que se unem e se respeitam. Amam-se com um amor exclusivo e fiel; encontram nos espaços, no tempo e, sobretudo, no corpo, os sinais dessa prodigiosa fidelidade. Têm uma casa, um horário comum, um ambiente compartilhado em que estão seus projetos e um futuro semelhante.

É o milagre de uma fecundidade que se transmite para todas as direções.

E tudo começa nessa aventura. O homem e a mulher parecem encontrar partes perdidas, readquirem uma linguagem que julgavam também perdida ou nunca experimentada e, finalmente, compreendem que, neles, o corpo e o espírito nunca se separaram. Sempre presentes um no outro, nas uniões mais belas e nas separações mais dolorosas, aprendem a compor novos entendimentos, para exprimir com o gesto, o silêncio e a palavra.

Finalmente, estão prontos para se encontrar na linguagem da sexualidade, a linguagem mais original que existe, a mais fascinante, mas também a mais difícil de aprender: um instrumento sempre predisposto a certa ambiguidade, à confusão e ao erro, mas também sempre tendente a uma nova poesia que traduzirá, de vez em quando, a alegria de estarem próximos, de se saberem conhecidos, de nunca mais se sentirem sós. Exploração do corpo e abertura do coração vão de mãos dadas e, pouco a pouco, em direção à descoberta daquela singularidade encontrada que já não se está disposto a substituir. Gratuidade de escolha e gratuidade de dom.

Ama-se não uma pessoa qualquer, mas uma mulher e um homem bem determinados, porque não existe ninguém como eles no mundo. Isto permite ver-se, sentir-se, andar de mãos dadas, acompanhar-se e dizer um ao outro – num momento de afastamento – que se está lá à espera, a antecipar, a desfrutar ou a sofrer, a amar juntos, a entregar-se para além de si mesmos. O espírito, que é a liberdade com os seus desejos, as suas vontades, as suas tristezas e os seus cansaços, permite dar vida e novidade: ilumina os olhos, dá coragem nas dificuldades e amor à existência.

A intimidade

É impensável um corpo sem espírito e um espírito sem corpo: estas duas dimensões se mesclam e, juntas, indicam uma realidade demasiado desejosa e misteriosa, para poder ser descrita com uma única palavra. Um beijo ou uma carícia, um convite ou uma condescendência, representam sempre a dimensão corporal de um sentimento. Os gestos do corpo exprimem o lado visível das promessas declaradas, de fadigas acolhidas; são a expressão de fidelidades mantidas, de lágrimas e de sorrisos, de ansiedades e de esperanças. Deste modo fala a sexualidade humana, humilde e discreta, necessitada de disciplina e de penitência, mas, ao mesmo tempo, exultante, ambiente criativo de motivações e de desejos que dão sentido à vida.

A linguagem da sexualidade, palavra privilegiada do amor e do casal, não se improvisa, porém, exige longos períodos de preparação e sucessivas passagens, em que não há diferença entre o corpo e o espírito, porque ambos estão impregnados de sinceridade recíproca, de paciência diante das diferenças, de resistência à fadiga, da partilha dos ritmos de trabalho, da identificação dos desejos do outro. No centro, na experiência singular da expressão genital, toda a história da pessoa é reunida e fundida em harmonia, numa pertença verdadeira e definitiva em que já não há possibilidade de se exprimir, a não ser com a totalidade do seu ser.

Por isso, ser casal é algo a construir, um dom do outro e, simultaneamente, uma responsabilidade que indica a meta da sua vocação. Uma justa relação com os outros permite a um homem e a uma mulher, que prometeram amor mútuo, medir e modelar a sua identidade de casal: o sorriso, o dom, a ajuda e a proximidade também devem ser espalhados fora da vida a dois. Os esposos devem ser uma riqueza para todos, um ponto de referência, um motivo de esperança, um lugar de confidência, um sinal claro e luminoso do amor de Deus.

Essa abertura permanente para um horizonte mais amplo ajuda a viver a própria sexualidade de casal sem se isolar das pessoas e sem apagar o mundo, com as suas misérias e com o seu imenso sofrimento. Cada manifestação de afeto não deveria encerrá-los ou mantê-los em abraços demasiado apertados, mas ser o sinal de um reconhecimento mais amplo, a indicação de uma promessa mais generosa e de uma boa disposição à caridade. A relação afetiva deve envolver todas as pessoas que nos rodeiam: a família de origem, que nos deu a vida e nos fez crescer; a comunidade, que nos transmitiu valores a realizar; e o infinito mistério, que nos precede e que nos espera, na comunhão de fé com aquele a quem todos chamamos Deus.

A comunhão

As manifestações de afeto também representam uma mensagem e uma indicação que confia os protagonistas ao futuro, um futuro que encontrará expressão concreta noutro corpo e noutra liberdade. De fato, nota-se a preciosidade insubstituível de transmitir este longo discurso de amor que, por ora, perpassa pelos nossos lábios, aos corpos dos filhos, aos seus gestos e aos seus modos de ser e de fazer. O amor é uma riqueza recebida que exige que seja devolvida. Nunca se é dono absoluto de si mesmo, nem se pode sequer determinar as fronteiras desta gratuidade imensa; precisamente por isso, todo o amor que escolhe fechar-se à fecundidade acaba morrendo.

Numa vida de casal não há nada que possa ser considerado banal; tudo é precioso, tudo tem significado, tudo é importante porque, mesmo aquilo que inicialmente poderá parecer uma insignificância, com o tempo talvez crie grandes distâncias e tristes silêncios. Um homem e uma mulher que se amam devem compreender e perceber imediatamente a sua grandeza e a sua fragilidade, a pobreza e a beleza do seu corpo, o orgulho e a humildade do seu espírito. No casal, emergem aspectos escondidos e desconhecidos que, pouco a pouco, ganham força e conseguem desvendar o sentido autêntico daquilo que habitualmente se esconde por detrás da aparência superficial das coisas. No namoro, aprende-se, em primeiro lugar, a habitar numa fronteira que ainda não implica para ambos uma pertença completa; no entanto, representa o único e necessário lugar de encontro para o amor. Descobre-se uma nova consciência de si mesmo e do outro na certeza de que, doravante, nasceu um desejo vivo de mudança, a busca de uma partilha total.

Tudo fala naqueles que se amam: o corpo e o espírito têm sempre coisas a dizer. Portanto, a necessidade de serem sinceros começa a se afirmar contra todo o egoísmo inicial; busca-se o perdão mútuo e, todos os dias, a verdade da relação ajuda a crescer. De maneira que o desejo vai tornar-se cada vez mais intenso e mais purificado. Contudo, essa viagem extraordinária e promissora não está isenta de dificuldades: é-se obrigado a voltar as costas ao passado e aos lugares da segurança pessoal; está-se disposto a empreender uma nova configuração de si mesmo e da sua pessoa, assumindo com autêntica liberdade o sacrifício que todo crescimento sempre carrega consigo.[1]

---

[1] Cf. CAROTENUTO, A. *Il tempo delle emozioni.* Milano: Studi Bompiani, 2003. p. 76.

CAPÍTULO 2

Corporeidade espiritual

O relacionamento afetivo

O início de um relacionamento afetivo suscita em muitas pessoas um renovado sentido religioso; muitos voltam a procurar o Senhor e gostariam de construir precisamente na fé a maturidade plena dos seus afetos. Hoje, os jovens querem ser ajudados no crescimento do seu amor para uma organização definitiva da sua vida. Esta dimensão da vida tem sempre uma atualidade inesgotável e uma complexidade objetiva; trata-se, então, de refletir sobre a sexualidade humana a partir da experiência de um casal que deseja preparar-se para uma *união duradoura,* como é o matrimônio cristão.

A dimensão afetiva da vida e a linguagem corporal de uma pessoa representam uma vivência quase privilegiada e extraordinária, que precisam de um contexto especial no qual estejam compreendidas e acompanhadas. O confronto e o intercâmbio afetivo suscitam um bem-estar interior; portanto, é fundamental predispor um local de conforto e de confidência em que se respire um clima de seriedade e de estima, de recolhimento e de bom ânimo. A discrição impõe-se por si só, porque a experiência da sexualidade humana abrange os aspectos mais originais e definidores da existência de uma pessoa. Também é indicativo o contexto, a linguagem e também – ousarei dizê-lo – o tom de voz com que se descreve esta experiência. A vivência afetiva e sexual é o ambiente que toda pessoa equilibrada procura proteger; para examinar tais assuntos não é necessária nenhuma falsa segurança, nenhum medo, nem sequer uma triste exibição.

Quando se fala de sexualidade e de afetos, quase se constrói uma aliança tácita entre os interlocutores; é essa cumplicidade que, dando espaço à liberdade individual, se torna fonte de profundíssima alegria. Toda a comunidade, e, com mais razão, toda a comunidade cristã, deveria ter lugares e interlocutores que tornassem possíveis, esse diálogo e essa confiança.

A base emocional

Atualmente, para se crescer no amor, é fundamental uma espécie de equilíbrio entre as várias linguagens da expressão humana. A racionalidade deve estar constantemente unida à bondade e à compaixão. O cuidado com esta capacidade emocional educa as pessoas a assumirem as orientações indispensáveis para navegarem num tempo sujeito a mudanças muito complexas. Mente e coração precisam um do outro. A investigação científica e a pesquisa humana contemporânea asseguram-nos que, conservando o nosso otimismo e perseverando não obstante as nossas inevitáveis frustrações, conseguiremos alimentar uma experiência afetiva mais amadurecida e completa: é-nos pedido que aumentemos o controle sobre os nossos sentimentos negativos e desenvolvamos a nossa disponibilidade e o nosso empenho, na construção de laços sociais significativos e gratuitos. Essa aproximação à realidade e à vida, expressão clara de uma *inteligência emotiva*, ajuda a construir um clima e um futuro de maior serenidade[1] não só no interior do casal, mas também em todas as relações humanas.

Por si mesmos, os contextos emocionais da compreensão e da comunicação representam a linguagem fundamental, mediante a qual se alimenta toda a energia afetiva; desse modo, estabelece-se um pacto entre as coisas mais profundas e simbólicas do indivíduo. Somente dentro deste contexto é que a inteligência, a graça e a ética encontram o seu espaço. Com extrema delicadeza, fala-se de si mesmo, daquilo que se experimenta, dos gestos, dos sentimentos e dos instintos que não se podem ingenuamente ignorar. O nosso ser emerge na sua grandeza e na sua miséria, na sua alta expressividade significativa e também na sua capacidade instintiva mais material. Procura-se constantemente uma harmonia, por sua natureza instável, que conduza a um sincero itinerário para o matrimônio.

Dois jovens que se amam estão bem predispostos a se conhecer: procuram compreender os sentimentos mútuos e a sua ambiguidade, os pensamentos, os sentimentos, as emoções e tudo aquilo que hoje estamos habituados a chamar *base emocional da pessoa*. A base emocional é aquela linguagem que inevitavelmente utilizamos para nos relacionar com os outros e com as situações que enfrentamos todos os dias. Estamos sempre

---

[1] Cf. GOLEMAN, D. *Intelligenza emotiva*. Rizzoli: Milano, 1996. pp. 7-9. [Ed. bras.: *Inteligência emocional*. Rio de Janeiro: Objetiva, 1996.]

em contato físico com as coisas e com as pessoas, tal como, quando caminhamos, nossos pés se apoiam fisicamente na terra. É impossível subtrair o corpo, entendido como base sensível e emocional, em contato com o mundo e com os indivíduos, sobretudo quando se trata de quem queremos bem. É por isso que, quando amamos, sentimos *vontade de andar* pelo menos de mãos dadas; diferentemente, quando não se está em sintonia com alguém, suporta-se mal até a proximidade física.

A corporeidade é um lugar privilegiado de expressão emotiva. Muitas vezes, a primeira aproximação afetiva entre duas pessoas parece um relâmpago, um deslumbramento de que não se consegue descortinar a origem; vê-se um corpo de que brotam mensagens fortíssimas ainda não decifráveis. Percebe-se imediatamente um sentido de bem-estar e de aprazibilidade, de indiferença ou de repulsão; cada pormenor adquire significado: o modo de se apresentar e de se vestir, o modo de caminhar e de olhar, o brilho dos olhos e o sorriso. Estas sensações nascem ainda antes que o pensamento – que já é um movimento de retorno – introduza uma *re-flexão*. Emoção e reflexão destinam-se a se encontrar numa sucessiva composição de confiança e de significância que, pouco a pouco, se torna cada vez mais duradoura. Nas expressões do bem-estar imediato estão reunidas de tal modo tantas sensações que uma pessoa não consegue imediatamente exprimi-las todas numa palavra. As sensações ofuscam-nos como uma cascata de luz, como um *raio,* e são acompanhadas por uma infinidade de mensagens capazes de se apoderarem e de envolverem a pessoa, mas, depois, deverão ser confiadas, antes de qualquer decisão ponderada, à decantação do pensamento. Em primeiro lugar, a base emocional tem de ser vivida, depois expressa pelas palavras e, por fim, codificada com o pensamento, para que se possa constituir e se tornar uma experiência afetiva duradoura.

Esta experiência deve ser feita em tempos e em lugares protegidos, que permitam avanços e possíveis retrocessos. A afetividade requer uma arrumação, antes de atingir a sua razoável estabilidade. A singularidade humana exige certo recolhimento, uma discrição especial. É necessário evitar uma atitude arrogante, um exibicionismo exagerado, uma descarada grosseria publicitária, enquanto são indispensáveis expressões vitais como o segredo, o respeito, a ternura e a espera, antes da realização.

A parábola do sentido

Os movimentos corporais internos e externos exprimem sempre o longo *percurso do sentido*. Este percurso circular constitui uma gama de expressões afetivas que se perseguem sem parar: passam continuamente *da sensação ao significado e deste àquela*. Tudo o que trava ou estorva esta *corrente quente* da pessoa humana não contribui para a maturação dos afetos. As sensações introduzem a elaboração dos significados, mas estes encontram alimento precisamente nas sensações, numa circularidade que se desenvolve entre gratificações e frustrações.

Quando o sujeito rejeita todas *as sensações* sem *significado*, e exclui os *significados* não ligados a *sensações*, então, podemos falar de maturidade da linguagem corporal. Na circularidade que se configura com *intencionalidade corporal*, dá-se *significado* aos *corpos* e *corpo* aos significados. Só este perene dar e receber permite o amor. Devemos aprender a percorrer continuamente e com autenticidade *a gama do sentido,* libertando-nos de algum preconceito. É necessário redimensionar não só quem procura um *racionalismo ético* estéril e não leva em consideração a materialidade do corpo, mas também quem se abandona às sensações instintivas e mentirosas que não conduzem a uma relação humana durável.

A parábola do sentido é capaz de aguentar uma permanente circularidade afetiva: umas vezes, valorizará demais os aspectos materiais do corpo; outras, vai se alimentar das motivações e dos significados que provêm da razão.

Na dimensão afetiva também se enxerta outra dinâmica circular, entre a exigência de *fusão* e a necessidade de *individualização*. O enamorar-se busca a sua realização *num processo de fusão*, que é induzido, sobretudo, por um tipo de cultura como a nossa, caracterizada por fortes transformações econômicas e sociais (a paridade dos sexos, a instituição do matrimônio, a maternidade e paternidade) e, em certo sentido, pela solidão. Por outro lado, o apaixonado esbarra na *necessidade de individualização;* de fato, a força e o desejo que impelem duas pessoas a se procurarem e a se fundirem são constantemente contrabalançados por uma tendência oposta que estimula a afirmar, de maneira nova, a própria personalidade e o próprio interesse. Esta exigência gera, frequentemente, dissabores imprevistos, ciúme, espírito possessivo e dúvidas radicais sobre o benefício da relação afetiva. Há alguns momentos na vida em que é mais intensa *a necessidade de fusão,* e outros em que é mais intensa a *necessidade de individualização.*

Na adolescência, rapazes e moças precisam afirmar a sua independência e individualidade. Por isso, entram em choque com os pais e professores. Mesmo quando se apaixonam, o seu desejo de fusão continua mais fraco do que o de individualização. Cada qual tem medo de ser plagiado ou moldado pelo outro. Nenhum dos dois quer ceder e o amor acaba entre choros e recriminações. Mas também há circunstâncias sociais que fazem prevalecer ora o desejo de fusão, ora o de individualização. Depois de uma guerra ou de uma grave calamidade, há uma grande necessidade de reconstruir não só os edifícios e as fábricas, mas também a solidariedade. É, por isso, uma época de encantamentos que levam à formação de novos casais, novas famílias, novos filhos. Contudo, no nosso tempo, damos mais importância ao sucesso individual. Hoje, duas pessoas apaixonadas estão prontas a deixar o marido ou a esposa, e até os filhos, para viverem juntas. Mas há muita dificuldade em sacrificar a sua carreira e o seu sucesso por amor.[2]

Então, para fazer amadurecer a relação afetiva, é importante harmonizar estes dois processos, a *fusão* e a *identificação*, sobretudo em relação ao conhecimento mútuo e à idade das pessoas que decidem formar um casal.

A confusão do corpo

A realidade é mais obscura do que a razão e a experiência da vida encarrega-se de mostrá-lo. Também o corpo tem as suas desforras globais em relação às promessas entusiastas da juventude; ganha uma *beleza diferente,* mais rica e completa do

---

[2] Cf. ALBERIONI, F. Carriera, successo, età dell'amore. *Corriere della Sera,* 16 de janeiro de 1998.

que a beleza juvenil que ainda não está carregada de frutos e de cansaços. *O corpo não é um pensamento e nunca poderá ser reduzido a um conceito.* O corpo, na sua essência, conserva sempre algo de *confuso*. Também a busca ética, a propósito da corporeidade, dá uma reelaboração inadequada da realidade corporal: revela-se apenas uma nobre ajuda que a razão e a graça fornecem para que o corpo possa exprimir-se no bem. O corpo e a sexualidade são realmente menos criados para o jogo do que para o amor, para aquela extraordinária vitalidade que leva o homem e a mulher a *viverem e morrerem para o outro.*

Por isso, para *entrar numa séria experiência afetiva* exige-se, no itinerário educativo, certa prudência, uma adequada disciplina e uma grande confiança. Naturalmente, esta atenção não nasce de uma pressuposta suspeita anacrônica, mas para que o amor seja realmente possível e duradouro. A aproximação à experiência afetiva liberta-se imediatamente de tudo o que for demasiado material: o afeto amadurecido é sempre cristalino. Por outro lado, as dinâmicas afetivas aperfeiçoam-se para a aquisição de uma sensibilidade espiritual que não é estranha ao sentimento do instinto corporal.

Na irreprimível confusão do corpo, abre-se espaço a uma enriquecida *teoria do sentimento,* capaz de conjugar, em equilíbrio, sensibilidade e razão. O sentimento tem exatamente esta função: consegue fazer a síntese entre a *materialidade* humana e o seu necessário envio para um *horizonte de sentido e de gosto* indispensável para viver. A pessoa e o casal são mantidos no único *mundo vital,* que é um horizonte significativo de comunhão e de alegria, de corporeidade e de palavra.

Os sentimentos são *forças não estranhas ao universo cognoscitivo* da razão, mas se aproximam dele com uma ação mais ampla, capaz de enriquecer a razão com a vontade, o gosto e a memória, indo para muito além de qualquer separação do humano.[3] Na relação afetiva, sentimento exige ser continuamente construído e elaborado como ligação indivisível entre *corpo e alma*.

Na nossa cultura assistimos a uma subversão do problema: o espírito é demasiado materializado por uma *atribuição mística* ao sentir material; enquanto o princípio do prazer, pela sua natureza confusa, é assumido quase como uma instância de transcendência que, por vezes, acompanhada de *fumo,* de álcool e de drogas, conduz à alienação mais do que à plenitude do humano. A liberdade não encontra o seu correlativo: a responsabilidade. No relacionamento afetivo, precisa-se investir muitas energias para encontrar equilíbrios credíveis, boa percepção de si mesmo e verdadeiros horizontes de transcendência e de amor.

Nestes últimos anos, as novas gerações de adolescentes, habitantes privilegiados de uma cultura emergente, deixaram cair frequentemente as defesas certas que o próprio corpo tinha consigo. Carentes e necessitados de afetos sólidos e de lugares emotivos sérios em que possam ser recolhidos, a partir das famílias e das instituições educativas, estes adolescentes estendem os seus abraços por toda a parte, sobretudo em direção a corpos agradáveis e imediatos. Existe o risco de enfraquecerem e de perderem toda a aproximação à corporeidade e de já não conhecerem o bem-estar do mistério, nem a extraordinária riqueza do

---

[3] Cf. FRANZINI, E. *Filosofia dei sentimenti.* Milano: Bruno Mondadori, 1997. pp. 1-13.

pudor. Não se quer deixar espaço a nenhuma dimensão da corporeidade que não esteja imediatamente à disposição.

A identificação psíquica de si mesmo cresce sem defesas, enquanto a aproximação corporal e sexual se torna uma das muitas possíveis: nesta dinâmica não cresce nem o sentimento nem se consegue elaborar um significado. A esfera afetiva, empobrecida na sua gênese e no seu desenvolvimento, arrisca-se a se tornar uma função biológica normal e repetitiva como o comer e o beber, o dormir e o caminhar, o trabalhar e o cansar-se. Depois, também se coloca no mesmo nível o exercício do contato corporal, até as expressões mais nobres das funções genitais, como se esta linguagem não fosse única e singular, capaz de dar alegria de viver e força de atravessar o sofrimento inevitável da vida.

A luz do corpo

Apesar das contradições do nosso tempo, as novas gerações parecem mostrar um novo interesse em relação à afetividade. Depois de decênios em que parecia que tudo se teria resolvido com a destruição das inibições, emerge hoje um desejo novo, mais promissor e original. A sexualidade procura uma verdadeira integração na dimensão afetiva da pessoa. Esta tendência não toca a maioria dos jovens, mas para alguns se impõe como procura de uma *qualidade de vida* em que a relação se exprima numa dimensão pessoal nova, na qual o puro prazer físico é considerado como limitado e limitador, pouco gratificante e, por fim, inconclusivo.[4]

---

[4] Cf. GARELLI, F. *I giovani, il sesso, l'amore. Trent'anni dopo la ribellioni dei padri. Bolonha:* Il Mulino, 2000. pp. 129-154.

Aqueles que procuram uma experiência séria de afeto e de amor confiam-se a uma nova inteligência capaz de elaborar uma configuração mais madura da sua sexualidade e das suas expressões corporais. São minorias que têm a força de sair dos lugares-comuns da cultura sexual do século XX e que tentam, não sem quedas, uma aproximação comprometida. Tornam-se mais *inteligentes* diante de uma tendência cultural que já retirou todas as defesas e todas as barreiras ao exercício da sexualidade. Por isso, emerge o desejo de ajudar as muitas solidões atuais, mas também é forte a presença de um novo sentido de responsabilidade.

A investigação, entre mil contradições, abre-se a um discurso sobre a *qualidade global da vida*. O que muitos jovens têm no coração é o desejo sincero de amar: a vontade de amar com os pensamentos, com os discursos, com os sonhos, com a projeção no futuro e também com o corpo. O corpo, embora seja tão obscuro, confuso e ingovernável, precisa poder ser uma expressão respeitadora e intensa da sua essência que provoque prazer, mas também proximidade, ajuda e fidelidade. Esta demanda é sofrida, e acontece entre os jovens mais do que se possa imaginar. Em geral, as propostas e os acompanhamentos educativos a este respeito são demasiado débeis ou até inexistentes. Sabemos que se trata de uma aventura difícil de guiar, na qual, para os jovens, é fácil perder-se; estamos conscientes de que é comprometedor manter a linguagem da sexualidade à altura da sua vocação e de seus apelos, mas é necessário introduzir, nas nossas comunidades, uma verdadeira *escola dos afetos,* que poderia tornar-se, com o tempo, um lugar dos mais interessantes para conjugar a gratuidade com a decisão livre.

O primeiro anseio da sexualidade e da afetividade humana é o de ajudar a pessoa a sair de si mesma. Precisamente a sexualidade pode ser um lugar privilegiado contra todas as formas de egoísmo: o corpo e a liberdade construíram este espaço de partilha e favorecem a comunhão com o outro.[5] O corpo existe e fala: diz os seus direitos, exibe a sua beleza e a sua miséria. Através de todas as expressões do corpo, educamo-nos para um domínio de nós mesmos, adulto e maduro, e colocamos as bases para uma experiência absoluta do amor, que é dom de si mesmo ao outro. O corpo está a serviço desta liberdade e a liberdade deve estar a serviço das expressões humanas do corpo. É nesta harmonia, nesta fusão unificadora e nesta singularidade permanente da pessoa que está a beleza. Cada gesto do corpo unifica a pessoa, a conduz à liberdade do dom, porque o corpo torna-se a origem da liberdade.

---

[5] Cf. AVERINCEV, S. S.; RUPNIK, M. I. *Adamo e il suo costato*. Roma: Lipa, 1997. pp. 25-28.

CAPÍTULO 3

Amor e mistério

Exposição

Frequentemente, a nossa tradição eclesial deu maior realce ao aspecto ético da relação em que se exprime o afeto entre o homem e a mulher; educava-se para a gestualidade corporal, ajustando o que um rapaz e uma moça *poderiam fazer* ou *não deveriam fazer,* prevalecendo a preocupação de dizer imediatamente o que estaria certo e o que não estaria, na construção de uma relação afetiva. Não se dava atenção, e talvez nem fosse necessária, tampouco havia a preocupação de *expor* a questão antropológica do amor. A mudança cultural, certo abandono eclesial e a mudança dos comportamentos têm, ao contrário, feito emergir esta exigência expositiva do sentido e da manifestação da gestualidade corporal e da necessidade afetiva.

Percorrendo os itinerários educativos da tradição eclesial, no tocante à relação afetiva, fizeram-se certamente propostas de diversas tipologias, como a amizade, o afeto, o parentesco, o enamoramento, e todo aquele progressivo reconhecer-se que se consuma diferentemente no matrimônio e na consagração. Todavia, a propósito deste tipo de relações, fomos, em geral, habituados a refletir mais sobre o seu aspecto ético do que sobre o aspecto imediatamente significativo e fenomenológico. Antes de nos perguntarmos se uma coisa é ou não justa, devemos interrogar a nós mesmos sobre o seu *significado* e sobre o que quer dizer ser *sujeito de corporeidade humana* em relação.

Trata-se substancialmente de abandonar uma *antropologia do neutro e do abstrato*, para fundamentar uma reflexão que interprete a diferença sexual entre o homem e a mulher. Não basta falar do homem em sentido universal, como se fosse uma realidade habitual; hoje, nota-se a necessidade de exprimir um juízo válido sobre a verdade e sobre a legitimidade dos comportamentos da pessoa. Por isso, procuramos descrever brevemente a realidade corporal do homem e da mulher.

Misterioso

O corpo fala e *a linguagem infinita* do corpo é a sua *sexualidade*. Uma pessoa é o seu corpo, mas é sempre mais que o seu corpo, porque, vivendo, exprime alguma coisa que vai além do seu caráter físico concreto. E, no entanto, o que imediatamente aparece em uma pessoa é o seu corpo manifesto ou escondido, é sempre algo que não se pode definitivamente captar. O corpo não é tudo, é sempre alguma coisa que remete para outra, que continuamente se transforma; alguma coisa que necessita ser explicada e interpretada de forma sempre imprevisível, nunca concluída. A corporeidade não é uma coisa em si mesma, mas o início de um discurso.

Por isso, a antropologia contemporânea está atenta a interpretar as coordenadas estruturais da pessoa humana, antes de tudo, como uma linguagem simbólica. Dizer que a corporeidade é uma *linguagem simbólica* significa pensar o corpo como lugar privilegiado e inicial de toda a *expressão infinita* de uma criatura. A linguagem é não só uma forma verbal, fundada exclusivamente na palavra, mas é a união de corpo e cultura: é sorriso, cansaço, carícia, beijo e cumprimento. A linguagem é tudo aquilo que permite que alguém se exprima, e não existe uma expressão que, partindo de um corpo, não peça para ir além da sua plasticidade. Um corpo encerrado em si mesmo e suficiente para si mesmo é uma mensagem contida, uma linguagem mortificada. O encontro entre dois corpos, que não significa nada mais que a extinção das pulsões, conduz à incomunicabilidade: a pessoa fica não só sem palavras, mas também muda de sentido.

O mistério é o que permanece de uma linguagem incompleta. A linguagem corporal tem como característica própria a capacidade de dizer com a sua simples presença sempre *alguma coisa de novo e de inédito;* contudo e ao mesmo tempo, também *se supera continuamente* e nunca consegue esgotar o que quer comunicar: a linguagem gestual é, por sua natureza, repetitiva, vive e está presente como história e como liberdade. De fato, não se faz uma declaração de amor de uma vez por todas, não se saúda só da primeira vez e uma única carícia não consegue esgotar a exigência de contato. Tudo se deve repetir sempre.

Cada expressão da linguagem corporal vive a cada instante uma espécie de limite: de um lado, consegue comunicar com intensidade; de outro, sofre pelo fato de *ainda não ter dito tudo.* Um homem e uma mulher nunca podem renunciar, em nenhum momento da sua vida, à linguagem corporal; ela lhes serve para se exprimirem e não podem prescindir dela, porque se determinam através dessa linguagem. A apropriação correta do próprio corpo e do outro requer imediatamente a sua superação, mas permanece sempre uma dimensão imprescindível, preciosa e iniludível da pessoa humana. O primeiro mandamento é o de se reconciliar com o seu próprio corpo; o segundo, o de se exprimir através dele na relação com o outro.

Relação

O *caráter misterioso* constitui, em seu nível mais alto, a maravilha de que o *gesto amoroso* é capaz de suscitar, quando atinge a sua realização. Fica-se espantado e admirado perante as infinitas possibilidades do amor. É difícil definir, em poucas palavras, o que é o amor. Numa reflexão filosófica extremamente genérica, poder-se-ia dizer que *o amor é a relação fundamental que permite a expressão humana da vida*, na sua mais alta qualidade. Esta experiência emerge quando uma pessoa, um homem e uma mulher, encontra o *objeto unificador* da sua existência. Neste *objeto* está concentrado o ponto de encontro de tudo aquilo que para eles é significativo, o horizonte dos seus projetos, o alimento dos seus desejos e as aspirações pessoais.

Este ponto unificador dá-se na forma da *relação*. O amor existe sempre numa relação. Atualmente, quem pretender unificar a sua vida exclusivamente em si mesmo, afastando-se de toda relação, acabará por morrer. Uma pessoa que não constrói nenhuma forma de relação, embora ainda esteja viva, é como se estivesse *morta;* morre, apesar de estar no mundo, porque não tem relações, não tem significados, não faz circular os afetos. Uma pessoa sem relações nunca recebe nenhuma revelação, não sabe interpretar a história nem é capaz de suportar a dor, de compreender o tempo, de ler a alegria, porque todas estas dinâmicas vitais são interpessoais e só se podem estabelecer numa relação.

Na cultura ocidental, a linguagem mais forte que introduz as relações é a da sensação corporal. As relações iniciam-se a partir da explicitação das *cinco sensações*, isto é, os chamados cinco sentidos; desse modo, a sensação tem uma parte predominante e, frequentemente, desproporcionada na configuração das relações. Hoje, os rapazes e as moças que entram na adolescência e se abrem à vida mundana não acreditam nas palavras ou nos pensamentos, mas se confiam às sensações corporais que chegam até eles abundantemente e, muitas vezes, os consomem.

Frequentemente, a aproximação *inicial* que constrói a relação é só a origem da sensação. Isto acontece predominantemente nas sociedades em que as grandes narrações políticas são débeis e as necessidades primárias são amplamente satisfeitas, mas os desejos são destruídos e

> [...] a felicidade, tornada obrigatória, transforma-se no seu contrário. Multiplicam-se pequenas e grandes explosões de agressividade. Escravizado à repetição do já obtido, o desejo perde acuidade e criatividade, limita-se de tal maneira à salvaguarda ciosa de algo já adquirido ou ameaçado, que realiza o nivelamento e a homologação social".[1]

---

[1] CIARAMELLI, F. *La distruzione del desiderio. Il narcisismo nell'epoca del consumo di massa*. Bari: Dedalo, 2000. p. 6.

Nestes cenários, a resposta mais imediata está reservada à sensação material corporal.

Na nossa sociedade, o corpo tem um grande espaço e alimenta-se de numerosíssimos e abundantes consumos; se, de algum modo, quisermos redescobrir a relação fundamental do amor, devemos ter a paciência de analisar a base da sensação e ver como se exprime num procedimento de purificações progressivas.

O corpo é aquele escrínio precioso no qual estão recolhidos sinteticamente todos os resultados possíveis das sensações. Por isso, o itinerário educativo da corporeidade impõe uma severa análise sobre a natureza e os resultados das sensações. Hoje, é indispensável uma fenomenologia das sensações que permita avaliar os seus resultados e monitorizar o princípio do prazer e da dor. De fato, o prazer e a dor entram fortemente na construção das relações: é indispensável elaborar uma disciplina do prazer e da dor, da fusão e da separação, que facilite a compreensão dos elementos capazes de manter viva a relação e que convença, sobretudo, os jovens a dominar tudo o que, pelo contrário, conduz à morte dos afetos.

Simbolicidade

O exame das sensações conduz rapidamente à descoberta de que elas têm o extraordinário poder de *impelir adiante*. Desse modo, pode-se afirmar a *estrutura simbólica* do corpo, isto é, o corpo não é inteiramente conquistável nem apreensível, mas, ao contrário, é capaz de iniciar constantemente infinitos adiamentos que alimentam e dão alegria à relação e à vida. O corpo é como uma escrita: não se esgota no *sinal* e na *forma,* mas tem a capacidade de superá-los; tal como a *palavra* escrita que exprime muito mais que a simples *grafia*, pode-se dizer que o corpo é uma *escrita simbólica* que é necessário aprender a escrever e a ler.

Para se compreender o que significa viver e pensar o corpo como um *símbolo,* é fundamental dar algum exemplo. Para os nossos olhos, uma cor pode tornar-se *sinal*, quando consegue comunicar muitas mensagens; o verde de um semáforo não indica somente a cor de um prado, mas mais precisamente a possibilidade de seguir em frente. Do mesmo modo, também a sensação pode transmitir um significado; comumente definimos esta mediação com o termo *simbolicidade,* quer dizer, a capacidade de ser símbolo. Quando se trata da corporeidade humana, o fenômeno da *simbolicidade* torna-se muito mais interessante. Muitas vezes, a sensação corporal é apenas o suporte de uma mensagem mais elevada e significativa que dá sentido e sabor à vida e à relação entre pessoas. Consideremos um *aperto de mão*: não exprime simplesmente o contato entre dois corpos, mas também o desejo de acolhimento, simpatia, franqueza e estima, isto é, comunica todos os aspectos que, em determinada cultura, tal gesto remete e significa. Também um beijo não é simplesmente o encontro de dois lábios, mas exprime alguma coisa a mais: é a manifestação de um desejo recíproco, de uma atração, de um bem-estar que se quer receber e se quer dar.

Toda realidade, especialmente a corporeidade humana, representa sempre *algo mais* que o imediatamente perceptível. Para compreender e viver em plenitude a realidade corporal, não podemos deixar de elaborar e acrescentar a sua simbolicidade: só a relação simbólica sustenta o encontro de dois corpos numa relação autenticamente humana, singular e duradoura.

Também nesta realidade do amor não existe uma pura *materialidade:* se quisermos construir uma experiência de amor, que também começa com uma sensação, é necessário manter muito vivos os *significados simbólicos* dos gestos corporais. O corpo é tão somente a base com que é possível construir as palavras de uma relação, mas será a *qualidade da palavra* que sustentará o amor. Um gesto corporal, um aperto de mão, um beijo, uma carícia ou um abraço amoroso são expressões corporais que não se esgotam na *materialidade do gesto,* porque estão intrinsecamente repletos de significados importantes que conferem à corporeidade a característica da singularidade pessoal e irrepetível.

Na medida em que o corpo humano e as suas sensações são capazes de guardar e reproduzir, sempre desde o início, estes *significados simbólicos,* a realidade corporal está em condições de exprimir o significado mais propício, mais significativo e mais fecundo de si mesmo. Se, ao contrário, a realidade humana, na sua estrutura corporal, elimina todas as referências simbólicas a que alude, a determinada altura entrará no reino da *pura materialidade* que se dirige simplesmente para a generalidade, para a permutabilidade dos corpos, para a decomposição e morte da relação.

A *estrutura simbólica* mais elevada e abstrata do corpo é a *palavra:* com a palavra, o corpo *explica-se, diz-se, descreve-se* e *promete-se.* Por vezes, o corpo sabe revelar de maneira sensível alguns significados: exprime a comoção com as lágrimas, o medo com o tremor, a admiração com os olhos, o espanto com o bater do coração, e de muitas outras maneiras. O *corpo* tem necessidade *da palavra* e *a palavra* precisa *do corpo.* O símbolo é aquilo que convida a ir além da aparência momentânea do corpo; por exemplo, não é importante a estrutura material das lágrimas, mas a alusão simbólica para a qual as lágrimas remetem, o motivo por que se chora. A melhor parte da vida é constantemente jogada entre as referências simbólicas do corpo.

Portanto, o amor é aquela *relação* que, mais do que qualquer outra, é capaz de alimentar, introduzir e manter os significados simbólicos mais importantes para a existência. O sujeito que ama, *o amante,* instaura a relação mais significativa da vida com *o amado,* porque, essencialmente, não se nutre do seu corpo, mas *da alteridade* de outra pessoa e continua precisando dela.

Não se pode falar de amor sem fazer referência a uma alteridade: onde não há relação, não há lugar para o amor. No amor, este *outro* nunca poderá ser dado por inteiro, de uma vez só, na sua totalidade, porque sempre escapará alguma coisa; ora, é precisamente isto que lhe dá vida, pois é uma constante e mútua perseguição e posse, um perene reabraçar-se. É por isso que o amante persegue sempre o amado; é por isso que a declaração de amor e o gesto amoroso têm sempre necessidade de ser repetidos: para que nunca se esgotem.

Embora a *referência simbólica,* para a qual a estrutura corporal remete, nunca seja completamente apreensível e apreendida, no fim, torna-se algo sempre novo e, por isso mesmo, extremamente *misterioso.* Nesse *mistério,* curiosidade dos olhos e sintonia do coração, resume-se o desejo mútuo de conhecimento e de comunhão: o amante e o amado quereriam despojar-se não só do corpo, mas também da alma, para que a comunhão – entre fusão e afastamento – seja plena. *Por si só,* a materialidade do corpo nunca poderá exprimir o amor até seu âmago.

Refletindo sobre o *sentido do mistério,* intui-se o porquê de o amor representar a força dinâmica mais espontânea e mais exaustiva dos significados e das sensações que dão gosto à vida. O amor é uma relação que não pode excluir o corpo, mas que, a partir do corpo, não se fecha a nenhuma novidade. Se o corpo matar os símbolos, também morrerá para o amor; a morte física poderá pôr fim ao mistério do corpo, porque, a partir daí, o corpo deixa de poder comunicar-se e, por isso, nunca mais poderá entrar em nenhuma relação. Para o amor, a morte é extrema possibilidade de amar; o dom supremo do amor declara-se precisamente no fato de poder morrer *pelo outro,* no "vivo para você e posso morrer por você". Esse *viver* e esse *morrer* encerram o dom expresso em todos os dias da vida, um dom que se entrega na radicalidade da miséria da morte física.

As experiências afetivas são o lugar em que mais se exprime o jogo entre a materialidade do corpo e as suas expressões simbólicas: o afeto capta esses laços e essas interseções, o amor explicita esse entrelaçar mútuo e esse dom extraordinário. Ao exaltar a liberdade individual, a época moderna abriu caminho a amplas possibilidades na escolha dos *objetos de amor* e deixou mais espaço à elaboração afetiva dos indivíduos, permitindo-lhes viver o amor com maior intensidade. Justamente por isso, a modernidade sujeita o amor ao risco de grandes fracassos e, ao mesmo tempo, exige muita responsabilidade na gestão das relações afetivas. Quando as vivências simbólicas estavam mais codificadas e, de algum modo, eram mais bem-aceitas pelo consenso comum, o comportamento e a avaliação ética eram mais adquiridos e compartilhados. Como hoje os sentimentos estão confiados predominantemente à força dos indivíduos, que os torna frágeis e menos controláveis, é bem difícil delinear um comportamento ético. Por isso, a tarefa educativa torna-se urgente.

Sexualidade

O corpo tem uma linguagem muito particular: a sexualidade. Esta representa o modo irrenunciável como se exprime cada pessoa, *enquanto homem* e *enquanto mulher,* a todos e em todas as circunstâncias. A sexualidade está presente em quaisquer gestos e comportamentos; por isso, não pode ser esquecida nem menosprezada: acompanha a existência com a carga explosiva e preciosa de toda a sua responsabilidade, que se determina através de um percurso difícil que conhece ambiguidades sutis e nunca definitivamente resolvidas.

Mas o homem e a mulher não podem exprimir-se de outro modo: mesmo quem finge que não tem um corpo, que o mortifica; quem se envergonha dele e, até mesmo, quem se esconde ou se exibe nunca poderá viver na história independentemente do seu corpo. Sofrimento e alegria, descaramento e pudor, segurança e mal-estar, autodomínio e acanhamento, nudez e vestimenta, calculismo e espontaneidade, são dimensões que se jogam sempre na relação que existe entre o corpo e o ambiente. A linguagem corporal define a pessoa; de fato, a pessoa humana existe sempre e só na esfera da sexualidade, como homem e como mulher, e, reconciliada consigo mesma, abre-se a um desejo de futuro que supera estas categorias.

A *genitalidade* é a dimensão mais específica, embora não definidora, em sentido absoluto, da pessoa humana; representa o modo particular de viver a sua linguagem corporal na história. De fato, a *genitalidade* afirma a linguagem corporal-sexual da pessoa e indica precisamente a importância do *encontro exclusivo, definitivo e duradouro* da corporeidade que se integra e se dirige, mediante a fecundidade, para outra existência corporal, uma existência livre e fugidia, imprevisível na sua determinação. A expressão genital é o lugar onde a linguagem corporal se modula como fonte original de alegria, numa contínua alternância entre fusão e distanciamento, entre *identidade* e *diferença*.

A *linguagem genital* é uma região privilegiada, mas circunscrita à linguagem corporal que, na sua humanidade essencial, nunca pode subsistir completamente por si mesma nem satisfazer a si mesma. A satisfação absoluta da esfera genital – se isso fosse possível e de uma vez por todas – indicaria a desvalorização e o enfraquecimento da pessoa. A referência insubstituível e a exigência de *atualização diária* entre o que o corpo *diz de si mesmo* e o que *ainda não disse* indicam que a pessoa humana se exprime e desenvolve a partir do corpo. A linguagem corporal, em todas as suas expressões – incluída a genital –, mostra a *grandeza* e o *limite* humano.

A *grandeza* manifesta-se no fato de, para o ser humano, ser insubstituível a presença do corpo em todas as idades da vida, em todas as condições sociais, em todos os gestos, na esfera da consciência e da inconsciência, no entusiasmo e na criatividade, na solidão e na convivência social, no encontro e no entendimento, no masculino e no feminino. O *limite* do corpo está sempre presente no cansaço e na fadiga, no trabalho e na doença, no detestável e na aversão; manifesta-se na singularidade do nascimento e da morte, da escolha e do sofrimento. Em todas as experiências que vive, o corpo não pode determinar-se em absoluto;

ao contrário, recebe-se e entrega-se. O limite e a grandeza da linguagem corporal indicam a estrutura mais geral do ser histórico que sempre se revela e se esconde, se perde e se conserva, se afirma e se nega, se exibe e se retrai. Assim, também *o pudor exprime a essência profunda do corpo.*

Uma justa e completa gestão da linguagem corporal não é uma aquisição espontânea; a própria cultura – enquanto autenticamente humana – deve assumir a tarefa de voltar a plasmar e levar à perfeição, na liberdade, a natureza do homem. O corpo está para a vida e para a felicidade como o alfabeto para um discurso. O alfabeto possui infinitas possibilidades de formulações e o corpo pode revestir-se de extraordinárias modalidades de expressão; a expressão genital é uma parte de um discurso, mas não o todo; por isso, uma sociedade que a transforma no todo subverte o seu sentido original. A genitalidade, gerida de maneira exclusiva e totalizante, reduz o espaço da felicidade humana; mas, se for integrada numa simbologia corporal e afetiva mais ampla, será capaz de exaltar e fazer brilhar a totalidade da experiência histórica humana.

Educação

Educar a gerir a própria linguagem corporal deveria ser uma das tarefas fundamentais de uma sociedade. O domínio das tensões pessoais e o desenvolvimento da inteligência e do pensamento, a constituição de um aparelho emocional rico e harmônico determinam a qualidade de toda a cultura de qualquer convivência humana. O gosto da beleza e do gratuito, a sensibilidade em relação às nuances e o controle dos instintos permitem entre as pessoas uma nobreza de expressão e de respeito. A riqueza das motivações, a assunção e a resistência à fadiga, a superação das dificuldades e o controle das frustrações fazem com que as pessoas estejam prontas a aceitar a dor inevitável da vida com dignidade e força.

A valorização da singularidade pessoal, em relação à exibição anônima dos corpos, é a primeira etapa de uma educação para a gestão adulta da linguagem corporal. Este percurso educativo, encetado sem hesitações, torna as pessoas capazes de se exprimir com serenidade nas diversas expectativas da vida, porque a sua linguagem corporal modular-se-á com propriedade e riqueza, com respeito e reconhecimento, com fineza e humildade.

É justamente porque a alusão simbólica se revela sempre entre *identidade e alteridade,* que nasce imediatamente o risco da ambiguidade e da redução que se consuma ou como pretensão exaustiva do *contato corporal* enquanto tal ou como *medo de toda mistura,* em si mesma considerada maligna. Por conseguinte, para se exprimir de maneira adulta e completa, será necessário favorecer algumas perspectivas educativas.

Em primeiro lugar, deve-se superar a *pré-genitalidade instintiva,* ínsita na espontaneidade da evolução biológica e favorecida por uma programação econômica tendente a manter falsas necessidades em função do lucro, porque somente a constituição de uma *genitalidade madura* saberá situar-se dentro da linguagem corporal como uma parte bem determinada no contexto global da pessoa.[2]

---

[2] Cf. FORNARI, F. *Genitalità e cultura.* Milano: Feltrinelli, 1975. pp. 228-237.

Aliás, é preciso favorecer o surgimento da relação com a corporeidade alheia como ligação a uma *singularidade pessoal*, originalíssima e única, e não como a uma referência erógena genérica. Uma pessoa não me interessa unicamente porque é macho ou fêmea, mas porque se trata *deste homem* ou *desta mulher* com quem quero me relacionar de maneira apropriada e duradoura. A sociedade atual favorece muito a exibição gratuita da corporeidade, mas não ajuda a descobrir a singularidade pessoal daqueles que a encarnam. A exagerada exibição dos corpos e a ênfase indiscriminada e falsificadora da beleza, desacompanhadas do conhecimento real das pessoas, não ajudam a um desenvolvimento maduro da apropriação da linguagem corporal.

É necessário diluir o instinto imediato de quem gostaria de possuir o outro e aprisionar a sua corporeidade, mediante a busca global do sentido e da motivação de cada aproximação, privilegiando, sobretudo, os *motivos de desenvolvimento* de uma relação com respeito aos *motivos de carência*. Diante da possibilidade de um gesto, interrogar-me-ei se ele poderá conduzir-me a uma situação existencial definitiva e permanente ou se corresponde simplesmente à instância de uma necessidade imediata. De per si, a satisfação de uma necessidade como tal não é sempre garantia do desenvolvimento da linguagem corporal. Do instinto de apropriação deverá passar-se progressivamente a uma relação de ternura.

Revela-se indispensável abandonar todo o desejo de se apoderar inteiramente da corporeidade do outro, porque isso significaria anular a sua liberdade e destruir a sua identidade. Viver na pressuposição de que o outro já me *disse* ou *deu tudo* equivale a sentir-me dono dele. É fundamental recordar, em cada circunstância e em qualquer relação, que, na existência corporal, se manifesta sempre alguma coisa que exige a minha renovada disponibilidade em relação à liberdade alheia.

Além disso, é preciso favorecer aquela passagem que, da curiosidade pelo corpo do outro – como se o seu mistério fosse esgotado numa simples exploração da sua superfície –, conduz à *atenção* de quem sabe que, através do corpo, se é chamado a *ir mais longe*. De fato, o sentido do pudor convida a uma transcendência capaz de alimentar o futuro do amor. Atenção também quer dizer capacidade de respeito e de salvaguarda do diferente qualitativo que se exprime num corpo: o corpo do outro nunca será o meu e o outro nunca será como eu, nunca poderá estar sempre presente onde eu estiver; por isso, sentirei sempre necessidade dele. Desse modo, pode-se experimentar o amor na sua dupla dimensão – amar e ser amado –, tratando-se sempre de uma liberdade que, embora possa subtrair-se à relação, repete continuamente o seu sim. A curiosidade é arrogante, impudica e violenta; a atenção, ao contrário, revela-se humilde e discreta porque intui que ainda tem muito que aprender e que descobrir no outro. A atenção ao corpo garante o futuro; mas a curiosidade é estruturalmente incapaz de fidelidade: esgota-se no instante e logo troca de sujeito.

Finalmente, dever-se-á desenvolver um justo equilíbrio entre *a expressão verbal* e *a modalidade gestual* da linguagem corporal. Num contexto pobre de palavras e de motivações, a repetição exasperada dos beijos e das carícias, do trabalho ou do afastamento, reduz progressivamente a expressão humana e favorece o crescimento dos espaços de incomunicabilidade. Quando o gesto supera o pensamento, a factualidade submerge a retomada crítica e a programação econômica esmaga e mortifica a liberdade; a existência torna-se fragmentária, insatisfeita, incapaz de recordações e de projetos definitivos e oscila continuamente entre a audácia e o medo. Infelizmente, vivemos num contexto cultural em que o gesto precede e sufoca a palavra; de fato, frequentemente, se é levado a uma expressão corporal genital sem se ter tido a paciência de alimentar todos os outros registros da linguagem corporal, inclusive a presença crítica e a palavra.[3]

---

[3] Em *Itinerari educativi*, o Cardeal Carlo Maria Martini apresentava a educação para a castidade, seguindo três perspectivas: a) o autodomínio e a renúncia ao espírito de posse; b) a disponibilidade para a voz de Deus; c) a vigilância e a espera do Senhor que vem:
"a) A raiz da palavra castidade recorda a austeridade e o domínio de si mesmo (*castigare* = travar, educar). Ela ensina não só a autodisciplina do coração, mas também a dos olhos, do falar e de todos os sentidos. Este controle não é somente algo de negativo; trata-se de um autêntico domínio de si mesmo que é, simultaneamente, reconhecimento do senhorio de Jesus sobre o nosso corpo e sobre toda a nossa vida: 'O corpo não é para a impureza, mas para o Senhor e o Senhor para o corpo. [...] Não sabeis que os vossos corpos são membros de Cristo?' (1Cor 6,13.15); consequentemente, a castidade é educação e treino para superar toda a mentalidade de tipo proprietário e senhorial em relação à outra pessoa. Opõe-se frontalmente àquela mentalidade utilitarista e narcisista que tende não só a usar e abusar de todas as coisas, como se fôssemos árbitros supremos de nós mesmos, do nosso corpo e das nossas pulsões, mas também das pessoas e do mundo circunstante.
b) O empenho por viver a castidade cria as condições necessárias para uma transparência interior que, independentemente da estupidez e da inércia, nos torna capazes de escutar a autêntica voz de Deus e as indicações do Espírito. Por isso, é quase impossível que nasça uma vocação evangélica onde não houver um esforço sincero de castidade. O jovem casto torna-se obediente a todas as inspirações mais puras e capaz de dizer sim ao Senhor, superando a sua fragilidade e inércia. Sabem-no bem aqueles pais que, ao ver despontar no horizonte a perspectiva de uma chamada do Senhor, se tornam, talvez inconscientemente, concessivos e permissivos com os seus filhos, intuindo que a complacência da vida ofusca todo pensamento vocacional. Que responsabilidade a de quem se torna cúmplice sutil do inimigo

Existência

Quando alguém é capaz de se exprimir de maneira apropriada com o seu corpo, então, põe em prática a plenitude da pessoa e da sua capacidade de realização: sai do anonimato e manifesta-se vivo. A linguagem corporal é *o lugar onde nascem as palavras e onde se foca o sentido*; cada significado mostra as suas origens e a sua direção, sem que, por isso, se esgote numa existência que nasce e logo morre. Num sujeito capaz de exprimir-se e integrar-se na relação corporal madura, entra em jogo sempre uma liberdade que habita a *dimensão do tempo* e se apodera dela, porque é capaz de esperar e de prometer, de manter e de perseverar, de retomar, depois de uma crise, e de não sucumbir às frustrações. Gerir o seu corpo no tempo também significa nunca se arrastar para fora da dimensão do sentido e não se tornar vítima do aborrecimento, porque pode alimentar-se sempre de novas possibilidades, tanto na juventude como na velhice.

---

de Deus! Pelo contrário, 'os puros de coração verão a Deus' (Mt 5,8). A pureza de coração de quem o Evangelho fala é mais ampla do que a castidade, mas compreende-a e permite-nos encontrar a causa remota de não poucos ofuscamentos, mesmo no campo da fé.
c) A castidade alimenta a vigilância do coração, isto é, a espera do Senhor que vem não só no último dia, mas já agora, para encher todos os momentos da minha vida e para me conduzir à doação de mim mesmo aos outros. Quem não abandona o esforço constante pela castidade, saboreará as alegrias profundas da oração e das visitas do Senhor. Quando, ao contrário, a vontade se deixa enfraquecer e as relações pessoais não são castas, sentimo-nos cristãos genéricos, banais, a oração pesa, a vida é aborrecida e necessitada de excitações contínuas, e as fulgurações do Senhor (como a Samuel durante a noite ou a Paulo na estrada de Damasco) não são para nós" (MARTINI, C. M. *Itinerari educativi*. Milano, 1988. pp. 97-100).

A linguagem corporal madura também é capaz de dominar a *dimensão do espaço:* vive sem traumas a proximidade e a distância. Viver a *proximidade física* quer dizer que é capaz de se educar para a paciência consigo mesmo e com os outros; que é capaz de dar espaço à liberdade, de não mentir e de não abandonar. Por outro lado, viver a *distância* manifesta a confiança recíproca absoluta, a ausência de toda suspeição e ciúme, e a possibilidade de independência; porém, também favorece o desejo de ver o outro, o sentimento de saudade, a estima por uma relação ainda em vias de construção plena.

O tempo e o espaço na linguagem corporal amadurecida indicam o nível de serenidade e de harmonia através do qual a existência se exprime. Falar com todo o corpo permite construir um discurso rico e complexo que, florescendo numa simbologia irrepetível e original, está em condições de suportar os dias da vida, desafiando todas as banalidades cotidianas. Só então se pode compreender que a transcendência e a imanência, o espírito e o corpo, as palavras e a plasticidade, a liberdade e a estrutura são as coordenadas em que se exprime sempre uma existência verdadeiramente humana. O homem está destinado a manter, continuamente ligadas, estas dimensões duplas, sem absolutizar nenhuma delas; por isso, o corpo de uma pessoa nunca é objeto, mas é um *alfabeto* inventado para pronunciar maiores significados.

Uma pessoa está presente no mundo e exprime-se na história substancialmente, através de dois sinais ou de duas linguagens, dois modos de ser e de se exprimir que reúnem e unificam a sua totalidade: *a liberdade e o corpo.* Trata-se de formas não opostas, mas de tal modo complementares que uma invoca sempre a necessidade da outra para subsistir humanamente. A pessoa humana, na história, aparece sempre como *sujeito de liberdade* e numa *estrutura corporal.* Este dois elementos são *intranscendentes e transcendentais,* isto é – em palavras mais simples –, não podem separar-se nem podem ser ignorados; não existe ninguém no mundo que possa dizer: "Estou aqui e deixei o meu corpo em casa"; assim como ninguém, ainda na Terra, pode afirmar: "Irei, mas deixarei o meu corpo em casa com a minha liberdade".

O corpo é o lugar em que a liberdade se exprime; de fato, para que o sujeito humano exista, é indispensável que estejam presentes estas linguagens. Consequentemente, não podemos falar de ato de amor sem a presença simultânea do corpo e da liberdade. Diversamente, o ato de violência implica que a estrutura material seja expropriada de qualquer significado simbólico: sofremos violência sempre que uma pessoa se preocupa simplesmente com a nossa materialidade e não permite que a nossa liberdade se exprima. Perante um rapaz ou uma moça que desejam comunicar reciprocamente o seu amor, convém sempre interrogar-se se serão capazes de unificar o desenvolvimento harmônico do corpo com o valor supremo da liberdade.

CAPÍTULO 4

Corporeidade e palavra

Liberdade corporal

A liberdade humana é animada pela *decisão* e é explicada pela *palavra,* enquanto o corpo recolhe os seus sinais. A liberdade humana cresce substancialmente em duas direções: a da *liberdade de determinação,* que consiste na possibilidade real de escolher fazer uma coisa ou outra e, em geral, se define como *livre-arbítrio;* e a segunda direção que implica a possibilidade real de *aderir a um valor,* isto é, a possibilidade de fazer o bem ou de fazer o mal. A este segundo aspecto da liberdade, quando se orienta para o bem, dá-se habitualmente o nome latino de *libertas.* Destas considerações nasce uma pergunta: quando é que a liberdade é verdadeiramente humana? Deve-se dizer que a liberdade é verdadeiramente humana quando escolhe o bem sem se atrapalhar num conflito de vontades e de instintos indeterminados, e quando não é simplesmente uma pulsão corporal. Uma liberdade é plenamente humana quando, podendo escolher, opta pelo maior bem possível; por exemplo, poder-se-ia dizer que, podendo amar uma pessoa ou outra, escolhe o maior bem possível para mim e para o outro.

O ato da decisão é o sinal fundamental, através do qual uma pessoa se exprime no mundo e estabelece relações. A decisão livre anima os corpos, orientando-os não para aquilo que o próprio instinto quereria, mas ajudando-os a escolher *o que vale mais*. Hoje, esta definição de liberdade corporal não é culturalmente emergente nem sequer tem compreensão imediata; com efeito, a nossa cultura é mais propensa a deixar-se determinar pela *espontaneidade instintiva do corpo*, cedendo a uma noção de liberdade ligada simplesmente à imediação do momento e a um sentimento espontâneo. O corpo, ao contrário, atinge a sua plenitude à medida que é governado por uma liberdade que pretende obter o valor duradouro do bem e não está simplesmente subjugada ao instinto espontâneo do momento.

A descrição da *corporeidade humana* inclui sempre a expressão madura de uma liberdade que procura valor. Corpo e liberdade em relação formam a riqueza da pessoa humana. As referências simbólicas do corpo, o gosto pela vida e os projetos das pessoas são animados e interpretados pelo exercício da liberdade e são tornados concretos com o corpo; o corpo busca o bem, independentemente de algumas das suas capacidades instintivas imediatas, e torna-se capaz de ordenar os seus instintos e as suas necessidades. O amor é a expressão mais alta de uma liberdade corporal capaz de desejar e querer o bem do outro: o exercício de uma liberdade corporal no *querer bem* constrói a autêntica dinâmica do amor.

O amor toma o corpo e modula-o na liberdade do bem. A relação de amor não se constrói apenas com o encontro das coordenadas materiais do corpo; não bastam as atrações e as repulsões da matéria para construir uma relação de amor. A estrutura química, pulsional, fisiológica, médica e psíquica do corpo não basta para definir por inteiro a *corporeidade humana*. O corpo tem necessidade de uma *salvação* que nunca poderá ser reduzida simplesmente à *saúde*. A salvação, o sentido último da existência teórica, é sempre mais que a saúde. Não basta garantir a saúde para que a estrutura corporal atinja o seu sentido pleno; é, ao contrário, necessário garantir a sua possibilidade de exprimir plenamente todos os seus significados. Não se pode sequer legitimar cada expressão corporal para construir um amor maduro pelo simples fato de que não prejudique a saúde e de que se respeite a vontade do outro. Do mesmo modo, não é suficiente um pressuposto fisicista para fazer amadurecer uma pessoa.

Diferença sexuada

A estrutura corporal da pessoa humana aparece sempre, na história, com as características da *diferença:* a diferença entre macho e fêmea, entre homem e mulher. Não existe um corpo humano numa unidade numérica; o corpo nunca aparece como um *uno* indistinto, mas sempre como macho e fêmea. Já é hábito dar a esta diferença primitiva o nome de *sexualidade*. Essa diferença serve para indicar a necessidade da *relação*. A antropologia, se não quiser mortificar o humano, vai sempre se preocupar em descrever a continuidade dessa diferença. Hoje, a *diferença sexuada* precisa ser completamente reanalisada, pensada e descrita de maneira nova.

A anulação cultural da *diferença,* característica, por exemplo, de toda a aproximação substancialmente *unissex,* empobrece enormemente a experiência humana. A diferença é sustentada não na linha de qualquer discriminação, mas numa perspectiva de singularidade originalíssima. Gerir tal diferença é uma das tarefas mais difíceis e belas da vida, em qualquer vocação; quando se quiser chegar ao amor, é essencial elaborar as linguagens e as modalidades, as expressões e as fadigas, as consolações e as potencialidades que derivam da capacidade de gerir essa diferença na construção de uma relação amorosa. De fato, essa *diferença,* nas suas distâncias e integrações, alimenta ou proíbe toda relação humana.

Na diferença sexuada do corpo está *descrita* outra forma singular do humano: a *genitalidade.* Esta simbologia é tão singular que todas as grandes religiões assumiram-na para indicar um dos mais significativos aspectos vocacionais. A *genitalidade* exprime uma simbologia que se dá numa dupla narração, a da *invocação* e a da *promessa:* na estrutura da genitalidade há uma invocação, um vazio, uma necessidade; ao mesmo tempo, contudo, nela também se exprime uma oferta, um dom, uma promessa de fecundidade. Para construir alguma coisa de belo para o futuro da humanidade, encontramo-nos de algum modo com a expressão humana da genitalidade, que exprime de maneira mais ampla a sua referência simbólica a todas as formas de *fecundidade* da carne ou do espírito.

Fecundidade e comunicação

A fecundidade faz nascer a palavra. Todas as crianças vêm ao mundo com um grito. O grito é uma palavra inicial, ainda não realizada, extremamente material; é a primeira forma de expressão de um corpo, o princípio da relação comunicativa que se desenvolverá na relação entre *carne* e *palavra.* Portanto, na história, há sempre um *verbo* que se faz carne e uma *carne* que se exprime.

Um corpo é uma invocação, uma oração materializada: é matéria que ora e suplica, que pede e exige um sorriso, uma saudação. O corpo busca outros corpos, outras palavras, deseja um encontro, uma memória comum, um sonho compartilhado. O corpo gosta de companhia e procura alguém com quem compartilhar uma experiência, um trecho do caminho, a vida: não é feito para estar só. O corpo é uma invocação que procura outra *liberdade,* para que a relação com a alteridade se torne para ele a fonte de significados comunicativos indispensáveis para viver. Só assim o corpo pode ser fecundo.

Embora, por vezes, tenhamos assistido ao grito desesperado de quem vê os outros como um inferno (Sartre), devemos, porém, convir que para nós é mais comum os outros serem verdadeiramente *aquilo de que precisamos para viver* (Lévinas). O amor não será, porventura, a *declaração* de que necessito de *outro* para viver? A pedagogia da invocação transforma-se repentinamente em educação à *reciprocidade*. A estrutura da reciprocidade baseia-se em confiar não nos próprios recursos, mas nos recursos do outro, até o ponto de morrer por ele. Quando duas pessoas se amam, permutam garantia e tranquilidade mútuas e, no corpo dos filhos, entregam-se juntos ao futuro. As relações sem futuro são frágeis: quando se exclui a presença tranquilizadora do outro no futuro pessoal, perde-se a capacidade de projetar e de sonhar, e logo chega o cansaço de estar juntos.

A invocação do corpo permite a comunicação mútua: o corpo abre-se à palavra e a palavra exige a visão do corpo. Quando dois corpos se encontram, deveriam já ter percorrido um longo trajeto de palavras; deveriam ter alcançado certo grau de entendimento e de confidência, explicitados por uma declaração de confiança mútua e por uma promessa de amor. Mas, se, ao contrário, o corpo se abandona à sua opacidade sensitiva e volta a cair na sua ambiguidade material, vazia de confidência verbal, então será difícil retomar o discurso.

Na comunicação corporal é importante preservar uma circularidade harmônica entre corpo e palavra: a comunicação verbal e o gesto devem estar solidamente ligados um ao outro. Sem a justa alquimia de gesto e palavra, a relação empobrece, enquanto os laços se vão soltando até se desatarem, apanhados por um sentido de acentuada incomunicabilidade. Quando duas pessoas se procuram em relação amorosa, deve-se favorecer entre elas *a comunicação* e *a reflexão* recíprocas; isto significa fazer circular entre si leituras, conteúdos, interpretações, contos e tradições. A narração mútua tece de tal modo a relação que, em algumas culturas, quando dois jovens, no noivado, prometem amor um ao outro, diz-se que *se falam.*

No corpo, a plenitude da palavra conduz à fecundidade. Para serem fecundos precisam aprender a morrer para *fazer nascer outro;* de fato, a estrutura corporal torna-se fecunda quando sacrifica a si mesma para que o outro viva. Esta experiência de fecundidade encontra-se em diversas ocasiões da vida: no trabalho, na gestão das responsabilidades, sempre que se deixa o seu próprio lugar a alguém. O *corpo* é possibilidade de fecundidade física e espiritual, cultural e política, social e eclesial. Em todas as vocações, o corpo deve ser fecundo: fazer nascer não significa, sempre e necessariamente, dar existência a outra corporeidade. A fecundidade não visa unicamente à vida de duas pessoas que se casam e põem no mundo outro corpo, porque pode haver uma fecundidade que apenas se configura como colaboração educativa, como dedicação na virgindade, como responsabilidade em fazer crescer comunidades inteiras. Em cada história individual, depois da fecundidade, é natural que surja a velhice.

Não existe amor sem fecundidade. A fecundidade é um fruto do corpo e da liberdade; algumas vezes nasce apenas da liberdade, noutras, só do corpo. Pode-se ter um filho da sua carne e não lhe garantir um futuro com segurança, mas também se pode garantir o sentido e o futuro de um filho sem tê-lo gerado. A *fecundidade* é o futuro de três expressões simbólicas: a diferença sexuada, a genitalidade e a palavra. A fecundidade indica a possibilidade de que um corpo vá além de si mesmo, sem se dispersar no tempo e no espaço, e, ao mesmo tempo, confere à liberdade a possibilidade de dar origem a outra liberdade.

Corporeidade e cultura

O corpo é um sinal e todo o sinal só é capaz de se exprimir no interior de um *desenho** mais amplo, no interior de uma cultura. Se existisse no mundo um único corpo, nunca seria capaz de comunicar muito. Uma criança que vem ao mundo não nasce sem referências culturais, mas, usando uma metáfora, podemos dizer que o seu corpo *nasce vestido;* está rodeado pelo afeto do pai e da mãe, são-lhe dadas as boas-vindas com um laço cor-de-rosa ou azul pendurado na porta e é acolhido com os primeiros sorrisos que recebe, quando balbucia as primeiras sílabas: *nasce vestido por uma cultura.*

---

* O autor usa uma palavra italiana alterada, segundo a etimologia, *di-segno,* querendo dizer quadro ou local com *sinais* que formam um todo. A nossa palavra *desenho* não exprime a totalidade da ideia, pois não se vê claramente nela a noção de sinal, expressa no étimo latino de *senho > signum > sinal.* (N.T.)

Tudo isto é determinante na gestão dos afetos e do amor: quando um adolescente se põe em relação com o mundo que o rodeia, não é indiferente o fato de ele provir de uma sociedade agrícola ou industrial, pobre ou rica, individualista ou solidária, porque uma estrutura corporal não subsiste isolada, mas depende dos contextos em que se exprime e com que interage. Qualquer que seja a avaliação ética dos comportamentos e dos objetivos pedagógicos, deverá ter em conta as diversidades e os percursos necessários para uma maturação da pessoa.

Para educar um corpo para o amor, é fundamental fornecer-lhe os instrumentos para raciocinar sobre a cultura do seu tempo, de maneira crítica e construtiva. Se não se transmitir o gosto pela elaboração cultural, correr-se-á o risco de que sigam simplesmente os instintos e as pulsões da sua corporeidade. Por isso, imaginando um itinerário afetivo para os jovens, temos de nos preocupar em educar um pensamento que seja capaz de sustentar uma elaboração humanizante da cultura circunstante. A cultura vive entre pequenas coisas e grandes dimensões: não se pode educar *um corpo para o amor*, ignorando a solidariedade social e a dimensão política, e sem, ao mesmo tempo, educá-lo para o estudo e para o trabalho, para a diversidade religiosa e étnica, para o acolhimento e para o respeito, para a localidade e para a mundialização. É necessário um itinerário educativo que saiba colocar a corporeidade e a sexualidade humana numa relação estreita com a tríplice dimensão da vida: a pessoal, a relacional e a institucional.

Singularidade e polivalência

A *unidade* de um corpo só existe como processo de unificação; o corpo é uma solidão que busca uma unidade, um sentido, uma comunhão. A unidade corporal é o fruto de uma comunhão em que a integração das diferenças permite relações maduras: tem-se os mesmos projetos e o desejo de um futuro em comum, interpreta-se o mundo, a história e a realidade com um sentir comum, respeitam-se os tempos do outro, vivendo a paciência e a consolação. Depois, o corpo atinge a sua maturidade através de um progressivo dom de si mesmo, no qual se harmonizam as diferenças devidas ao temperamento pessoal, à história e à cultura dos sujeitos interessados. Este processo acontece em todas as vocações; de uma vocação para outra muda a modalidade com que se constrói a relação de comunhão. A comunhão preserva a singularidade dos sujeitos e a verdade libertadora da sua relação; mas pode existir uma proximidade corporal ou uma forma de laço que não é comunhão, antes, dependência e confusão. Só a liberdade permite a comunhão que a confusão anula.

Em toda relação de amor, o corpo mantém a sua singularidade e a sua estrutura diferenciada: a proximidade dos corpos não exclui a alteridade, mas permite que o outro *continue outro*. Se assim não fosse e ele fosse igual a mim, eu não sentiria necessidade dele, mas me bastaria a mim mesmo; e, se do mesmo modo, tentasse reduzir o outro a mim, o meu destino ainda permaneceria na solidão. Por vezes, surgem *relações misturadas e confusas*, verdadeiramente dramáticas: uma pessoa enamora-se por várias ao mesmo tempo e não sabe qual escolher; ou, então, vive durante anos uma relação sem se decidir por uma união duradoura, sem ter a coragem de acabar ou de se casar. Por isso, torna-se importante compreender e construir *o gosto da singularidade* para determinar a qualidade de uma relação. Dar valor à singularidade significa intuir que um corpo não é igual a outro, mas está estritamente ligado à história de uma pessoa concreta: o corpo é sempre mais do que um corpo físico. De fato, no início, pode-se ser atraído pelo aspecto físico de um corpo, mas à medida que a relação se desenvolve, a atração física já não é suficiente para manter alta a qualidade dessa relação.

Outra característica da corporeidade é a sua *polivalência*; significa que o corpo tem o poder extraordinário de dizer, com um só gesto, uma pluralidade de significados. Uma palavra é menos polivalente que qualquer gesto. Com o termo *terra* não posso referir-me ao *céu;* mas se me exprimir com uma carícia, poderei comunicar simultaneamente ternura, desejo, dom e posse. Tudo isto simplesmente com um gesto. Enquanto a palavra é unívoca, o gesto é polivalente. O corpo encerra em si uma pluralidade de significados, mas a sua polivalência nunca se pode medir ou ver inteiramente. O *pudor* é o sinal corporal desta discrição e desta defesa, a linguagem que o corpo utiliza para aludir que nem tudo é para exibir, mas que ainda há para ver e compartilhar. O pudor, além de exprimir a discrição e a reserva encerrada num corpo, também revela que, não obstante a aparência, um corpo nunca poderá mostrar-se completamente, porque, por definição, nunca se poderá dar inteiramente ao conhecimento nem à visão. Embora um corpo esteja nu, sem roupa, não se poderá captar a sua essência: dele partem infinitas mensagens simbólicas que não têm nome, tal como ninguém pode subjugar a sua liberdade. Uma sociedade que elimina o pudor insinua a ideia de que se pode captar e ver o corpo na sua complexidade. Na realidade, quando destitui o corpo e o esvazia das suas polivalências, acaba-se por matá-lo, se não fisicamente, pelo menos simbolicamente. Hoje, contribuir para *alimentar o pudor* é uma das ações pedagógicas mais belas e mais difíceis de concretizar.

Matéria e ambiguidade

A característica mais imediata do corpo é a sua materialidade. O corpo é *matéria,* peso, confusão, opacidade; tem em si a força de anular qualquer diferença e, portanto, corre sempre o risco de ser confundido com *um todo indiferenciado.* Quando o corpo não quer expor-se em formas simbólicas e se recusa a comunicar os seus significados, é então que tende a se tornar uma única, grande e uniforme matéria do mundo e que se confunde com o todo dos outros corpos, se deforma e se torna simples mistura.

A figura antropológica mais interessante para compreender essa confusão da matéria, esse contato sem distinção, é a *figura da preguiça.* Quem é preguiçoso está, de fato, apoiado numa matéria mais ampla que ele, da qual não pretende afastar-se: uma posição, um lugar, um espaço. A falta de movimento é o modo mais concreto para dizer que se deseja confundir com a matéria circundante, tal como acontece nos primeiros instantes de vida, quando a criança ainda não tem a capacidade de se comportar bem e de se afastar da superfície em que a colocaram ou de se afastar de sua mãe. Numa educação para a corporeidade madura é indispensável uma orientação pedagógica que tire as formas de preguiça para favorecer a vivacidade da vida. A prática espiritual que a tradição cristã propõe para superar a confusão da matéria é a luta contra a inércia.

Por causa da sua materialidade, o corpo apresenta-se também como *figura da ambiguidade.* A ambiguidade é aquele aspecto do corpo pelo qual, por seu efeito, não se percebe com clareza se a manifestação corporal conduz ao bem de significados mais amplos ou se a sua exibição mata os símbolos e o leva à decomposição de si mesmo. A ambiguidade acentua-se quando já não se compreende se o corpo está aberto à alteridade ou dobrado sobre si mesmo. A estrutura corporal não é como a do pensamento ou da palavra: o pensamento e a palavra podem errar, mas não enganar; a estrutura material do corpo, ao contrário, perde-se precisamente através do engano provocado pela sua ambiguidade. Às vezes, até na avaliação ética dos gestos corporais é difícil discernir entre o bem e o mal de um ato, porque a ambiguidade de um ato é tão forte que se esquiva à avaliação do pensamento. O que a antropologia indaga na estrutura corporal da ambiguidade e do engano, a tradição cristã expõe-no na *figura da tentação* e na *noção de concupiscência*.

Perante essas dinâmicas que, em antropologia, mostram a ambiguidade do corpo, a orientação pedagógica induz à elaboração de um plano de vigilância e de prudência. Precisamente porque o corpo é estruturalmente ambíguo, é compreensível que também seja profundamente vulnerável e frágil; por isso, uma ética da corporeidade deve ter em conta que, muitas vezes, precisará *estar disposta a tratar das feridas:* o exercício da corporeidade encontrará, frequentemente, situações problemáticas e cedências imprevistas, mas também retomadas decididas, num empenhamento renovado e autêntico da liberdade. A riqueza da pedagogia espiritual exprimir-se-á na tradição da conversão e da misericórdia. Quem pensa que pode caminhar sempre acima de qualquer ambiguidade ou não tem experiência da vida, ou removeu muitas vivências da sua própria corporeidade. Estas perspectivas antropológicas sugerem a oportunidade de nos mantermos particularmente atentos à educação da experiência espiritual da castidade: ainda antes de uma injunção ética, convém identificar as causas mais escondidas da necessidade ou do mal-estar corporal.

Uma comunidade que quer educar para o amor e que se reflete nas dinâmicas do corpo deve predispor-se a tratar as feridas com afeto e inteligência; isto significa que deve estar disponível para o diálogo, favorecer lugares de autêntica e discreta narração de si próprio, dar indicações precisas sobre tudo o que pode fazer crescer ou travar o desenvolvimento afetivo. A formulação das perguntas, a comunicação das suas vivências e a exposição das suas feridas tornam-se, muitas vezes, penosas, porque radicam num tecido humano muito simbólico, diante do qual é necessário sempre favorecer, num discurso sincero, o respeito mútuo.

Harmonia e temporalidade

Um corpo é considerado harmonioso quando todos os seus elementos estão e permanecem no seu próprio lugar; às vezes, justamente, se diz que, para ser belo, um corpo deve permanecer composto. A questão da harmonia corporal leva-nos a uma reflexão sobre *a beleza do corpo*. A beleza oscila entre a matéria, a forma e o espaço; quando um corpo se distribui bem nestas três dimensões, de modo que remete continuamente para fora de si, para o outro ou chama para si a riqueza da alteridade, então é possível falar de beleza. A beleza nunca encerra; a beleza abre. A beleza de um corpo favorece a imaginação, o desejo, a alusão e o espírito; ao contrário da obscenidade, não os exclui. O obsceno exprime-se quando uma parte do corpo abandona a sua totalidade e a sua história, quando é circunscrito e engrandecido até fazer perder a visão completa da cena; propondo-se como totalidade, sai da cena do conjunto e torna-se *obs-cenidade*.[*] Quando o que,

---

[*] Uma vez mais, o autor joga com significados etimológicos: em latim, *ob-scenus* ([que está] contra a cena teatral) é algo que se opõe à visão e, portanto, não deve ser visto. (N.T.)

de per si, é belo e vive em harmonia com tudo o que o circunda, é extrapolado deste ambiente, perde imediatamente as suas referências simbólicas – que são significativas se inseridas numa relação – e assume um estado de anonimato: já não tem nome, já não tem história, já não tem destino, perdendo-se na pura materialidade. A harmonia mantém a compostura do corpo, recolhe a sua beleza e faz dela um dom para uma relação de amor.

A orientação pedagógica deve impor a si mesma o objetivo de educar para a beleza do corpo, sem exibições nem inibições, simplesmente favorecendo a compostura que ajuda o indivíduo a preservar a sua harmonia. A atenção à compostura visa ao corpo nas suas formas e nas suas expressões emotivas, além das estruturas dos sentimentos e dos estados de alma; então se falará de comer e de vestir, de emoções e de friezas, de euforias e depressões, de exageros e de equilíbrios de tempos e de espaços, de ócio e de trabalho. A harmonia refere-se a todas aquelas expressões corporais capazes de favorecer a elaboração dos símbolos que exprimem as vivências mais indispensáveis da vida.

Por fim, o corpo é *temporalidade;* não tem a velocidade do pensamento que, num instante, se pode formular e, num átimo, negar, mas avança por posições e por hábitos: necessidade de um tempo para se expandir e de um tempo para recompor sensações e valores. O corpo carece de paciência. Umas vezes, é indispensável saber esperar; outras, tem-se mesmo de se decidir; a *paciência* é aquele exercício que habitua o corpo às esperas necessárias, enquanto a *coragem* é o exercício que impele o corpo a se mover, a mudar de posição, a se transformar e a transformar a realidade.

CAPÍTULO 5

O sexto dia

O corpo é para o Senhor

O corpo nasce como *dom de amor* e o amor é o vértice da criação: Deus pensou na criação do mundo justamente para dar lugar ao extraordinário mistério do amor. O homem e a mulher na sua relação afetiva descobrem o desígnio de Deus através da história e das narrações do povo de Israel; na fé, põem-se a caminho, guiados pela tradição bíblica, e descobrem que *a criação era para a aliança,* no interior da qual o amor haveria de se manifestar e encontrar o seu vértice na pessoa e na vida histórica de Jesus.

Ainda hoje, o homem e a mulher participam deste êxodo nunca concluído em direção à experiência mais alta do amor. A escuta da Palavra, desde o seu início, traça uma senda que é simultaneamente guia e mandamento, luz e força, para compreender e para viver a relação entre o homem e a mulher, até conduzi-los à plenitude extrema da sua fecundidade. Neste caminho de história e de fé, há passagens imprevisíveis e inevitáveis, através das quais, pouco a pouco, se vai descobrindo o desígnio de Deus e se permanece na resposta definitiva à vocação pessoal. Neste entusiasmado itinerário de crescimento afetivo não se cresce só a partir das carências e das necessidades do momento, mas busca-se favorecer o máximo possível o desenvolvimento e a expansão do desígnio de Deus sobre nós mesmos; não se parte genericamente observando o que todos fazem ou o que é moda nas sondagens, mas reflete-se sobre que tipo de homem ou de mulher o jovem deve tornar-se, seguindo o desígnio do Senhor. Assim, entra-se no conhecimento do corpo como linguagem e imagem, recordando especialmente que, na juventude, o corpo traz em si mudanças e sensações confusas, desenvolvimentos surpreendentes e acelerações prenhes de interrogações. A iniciação ao significado da corporeidade não se inspira somente numa atenção genérica ao humano, mas no primado da Palavra, pela qual *o corpo "é para o Senhor, e o Senhor é para o corpo"* (1Cor 6,13).[1]

De fato, o crente cristão constrói o amor naquele longo e infinito itinerário que o leva a amar como Jesus, porque a pessoa de Jesus continua a ser a sua referência prioritária e definitiva. Os dias da criação são o primeiro quadro deste afresco extraordinário; por isso, as primeiras páginas da Escritura tornam-se um ícone privilegiado para reler as componentes corporais do amor: representam como que um mapa, um ponto de referência para que o corpo e o espírito levem a cabo, na liberdade e na graça, o dom da vocação.

O início

Na primeira juventude, o desejo do amor reúne e unifica sensivelmente todas as aspirações do coração. O encontro com

---

[1] Cf. MARTINI, op. cit., p. 100.

Jesus e a fé nele levam a configurar este desejo na *forma cristã* do benquerer: deseja-se amar como Jesus amou. Neste contexto, muitos jovens procuram as linguagens e os sinais, as modalidades e os acentos que permitam uma expressão autêntica, embora frequentemente notem que se trata de uma caminhada valiosa e difícil, cheia de tensões e de saltos, de dificuldades e retomadas. Para compreender melhor estas dinâmicas, é necessário aprender a gramática do amor; só assim as relações serão o sinal de que se atingiu uma maturidade plena e uma verdadeira capacidade de amar. Deus escreveu desde a criação do mundo a gramática do amor, e é nesta linguagem que estão desenhadas as páginas da história: cada um de nós escreverá a sua página, realçando, segundo o desejo de Deus, a importância do seu corpo e da sua liberdade.

O relato da criação explica o amor, desde o seu início, e manifesta aquele momento, inatingível e original, em que Deus decidiu que o amor haveria de ser a alma da história. Já então viu em Jesus a realização plena desta extraordinária empresa e confiou ao Filho que viesse ao nosso encontro com um amor que não conhece fronteiras. Ao deixar-nos o seu corpo e o seu sangue, Jesus conduziu a aventura do amor humano até a plenitude do sinal: "[Jesus] tendo amado os seus que estavam no mundo, amou-os até o final" (cf. Jo 13,1). As páginas da Bíblia realçam imediatamente a criação da imagem e dos traços da semelhança fundamental que dão sentido a cada o homem e a cada mulher que se buscam: da Palavra emerge a direção do amor.

Deus disse: "Façamos o ser humano à nossa imagem e segundo nossa semelhança, para que domine sobre os peixes do mar, as aves do céu, os animais domésticos, todos os animais selvagens e todos os animais que se movem pelo chão". Deus criou o ser humano à sua imagem, à imagem de Deus o criou. Homem e mulher ele os criou. E Deus os abençoou e lhes disse: "Sede fecundos e multiplicai-vos, enchei a terra e submetei-a! Dominai sobre os peixes do mar, as aves do céu e todos os animais que se movem pelo chão". Deus disse: "Eis que vos dou, sobre toda a terra, todas as plantas que dão semente e todas as árvores que produzem seu fruto com sua semente, para vos servirem de alimento. E a todos os animais da terra, a todas as aves do céu e a todos os animais que se movem pelo chão, eu lhes dou todos os vegetais para alimento". E assim se fez. E Deus viu tudo quanto havia feito, e era muito bom. Houve uma tarde e uma manhã: o sexto dia (cf. Gn 1,26-31).

Num confronto recíproco entre aqueles que se amam será útil que se interroguem sobre o sentido do amor na vida humana e sobre os problemas afetivos que requerem alguma forma de acompanhamento. Depois, será proveitoso encontrar tempo e boa disposição para interpretar juntos a cultura contemporânea que exprime o amor de maneira diferenciada, com verdades e contradições, com experiências e imagens que, de vez em quando, podem certificar ou trair a mensagem original de Deus. Poderíamos perguntar a nós próprios: quais são atualmente as linguagens e as expressões mais comuns que a nossa cultura emprega para tratar a realidade do amor? O que nos impressiona mais? Como julgamos este fenômeno? Em relação ao passado, somos capazes de entrever os aspectos positivos e negativos?

Inteligência, vontade e graça, reunidas na sua corporeidade sexuada, exprimem as coordenadas desta arte difícil que é a arte de amar. Você consegue formular para si ou para a pessoa a que quer bem, individualmente ou num diálogo de casal, algumas etapas precisas a atingir neste itinerário surpreendente? Que interlocutores você prefere? Com quem gostaria de se comparar? Em que experiências concretas você é mais provocado a refletir sobre as formas de linguagem afetiva?

A imagem

"Deus criou o ser humano à sua imagem..." (Gn 1,27). O Senhor entregou ao homem e à mulher uma mensagem a comunicar. Esta mensagem não se exprime unicamente mediante palavras, mas já está inscrita no corpo, já está posta na própria existência da corporeidade sexuada do ser humano. Por si mesma, a presença do homem e da mulher no mundo diz algo de Deus, do seu amor, do seu mistério, da sua insondável intimidade. A linguagem corporal é o alfabeto fundamental em que se codificam todos os outros sinais.

Ainda antes de se exprimir por palavras, o corpo de um homem e de uma mulher já é capaz de revelar alguma coisa do Autor da vida e remete imediatamente para ele. Esta referência inapagável e irresistível da corporeidade humana a Deus pode-se, então, definir como *imagem* e *semelhança:* Deus criou o ser humano à sua imagem para que fosse sinal desta referência a ele. Quando a corporeidade não consegue ser uma chamada e uma referência a Deus, trai a si mesma, transvia-se e perde todo o significado. O aparecimento do homem e da mulher, mesmo no corpo, deve continuar a ser uma imagem de Deus, sinal e antecipação de uma revelação mais intensa.

O amadurecimento da afetividade humana passa através da capacidade de encontrar, de construir e de compartilhar pensamentos e comportamentos que favoreçam uma relação íntima entre a imagem de Deus e a imagem do homem e da mulher: este estilo de vida permite uma grande capacidade de estima recíproca e de respeito, um novo olhar e uma nova consideração acerca da corporeidade própria e alheia. O corpo tem de me reconduzir sempre a Deus, porque ele também se exprime através do meu corpo.

Parece-lhe que você está em condições de contar, mesmo aos outros, o seu modo de ver e de pensar a sexualidade humana, alinhada ao projeto original de Deus? Você procura alguma ocasião ou algum instrumento que possa ajudá-lo nisso? Como interagem em você sentimentos e gestos, sensações e raciocínios, curiosidades e convicções? Na sua opinião, a comunidade cristã, nas suas propostas educativas, consegue sustentar a corporeidade humana como imagem de Deus? O que você pensa da proposta educativa da comunidade cristã sobre tais temáticas?

A diferença

"Ele os criou homem e mulher" (Gn 1,27). É este o sinal da maior e inapagável diferença em que o homem se apresenta na história. Esta diferença fundamental é querida por Deus, é uma coisa boa: aprender a amar significa, antes de tudo, saber sustentar essa diferença. Não está no desígnio de Deus removê-la ou ignorá-la ou suprimi-la ou confundi-la. O conhecimento, a confiança e o respeito serão expressões insubstituíveis para os fins de uma relação humana que saiba sustentar esta diferença; de fato, é justamente desta diferença que podem brotar mensagens

e experiências capazes de exprimir de modo original alguma coisa do amor de Deus e da vocação do homem.

Não é sempre espontâneo sustentar esta diversidade, individual e preciosa: a diferença indica, antes de tudo, a nossa limitação, as dependências, a pobreza e a impossibilidade de nos compreendermos exclusivamente dentro do nosso horizonte pessoal. Esta diferença escreve, já no próprio corpo, a necessidade humana da relação e da abertura ao outro. A experiência humana nunca pode definir-se como forma absoluta de solidão.

Aliás, sustentar a diferença significa afastar como imprópria qualquer tentativa de reduzir o outro a mim, torná-lo meu instrumento, pô-lo ao meu serviço, destituí-lo da sua liberdade, torná-lo uma coisa. Onde existir realmente a diferença, será impossível toda forma de posse; porém, onde houver alguma posse, toda forma de relação humana se anula e desaparece.

Na sua opinião, quais são as formas de pobreza e de riqueza da sexualidade humana na sua reciprocidade e na sua diferença? Quando você pensa na corporeidade, refere-se habitualmente só à sexualidade genital ou também ao dom da saúde, ao cansaço do trabalho, ao peso da doença, às misérias da velhice, ao esgotamento psicológico, à paciência do compartilhamento? O que pensa destes aspectos da vida humana?

Você se educa para compreender quais são os traços que tornam diferentes o homem e a mulher, no seu modo de pensar, na sensibilidade, no gosto e no comportamento? Quais são as características da personalidade masculina e feminina? Você sabe sustentar esta diferença, porque é capaz não só de respeito e prudência, mas também de comparar e conhecer? Quais são as possibilidades de relação na sua comunidade? Sabe sustentar a diferença porque é sincero consigo próprio e puro nos fins a que se propõe? O que pensa do comportamento dos rapazes e das moças de hoje, do seu itinerário afetivo, das suas decisões de pertença mútua e de amor?

A fecundidade

"E Deus os abençoou e lhes disse: "Sede fecundos e multiplicai-vos..." (Gn 1,28). Mediante a fecundidade, Deus confia ao homem e à mulher a tarefa de participar no milagre da criação: abre-lhes a possibilidade de ultrapassarem a si mesmos, sem poder controlar esse futuro. Serem fecundos significa introduzir na história a possibilidade de novas liberdades capazes de amar. Quando se traz um filho ao mundo, dá-se a ele, juntamente com o corpo, toda liberdade, sem saber o que será da sua vida.

Quem ama gera sempre filhos: a fecundidade do homem e da mulher exprime-se na geração física, mas não se esgota na forma da geração corporal, como exercício da genitalidade. A fecundidade humana é mais ampla e mais completa, embora encontre no exercício da genitalidade a sua expressão mais simbólica e mais codificada. O exercício da genitalidade é a condição primária para a fecundidade, mas não esgota todas as mensagens em que a fecundidade se pode exprimir. Na sua dimensão mais ampla, a fecundidade é a entrega de um dom que enriquece outra pessoa: embora na origem desse dom possa estar a capacidade genital de gerar, para o seu desenvolvimento concorrem outras expressões de capacidade de gerar que se consumam em muitíssimas formas diferentes.

Quem ama no matrimônio e gera no corpo os filhos, é fecundo, porque torna possível o contexto em que se abrem todas as outras expressões da vida. Quem ama na virgindade, é fecundo, porque enriquece o seu interlocutor, *recordando-lhe* que o corpo, recebido de outros, deve comunicar e empregar na vida *o sentido e as palavras do amor*. A capacidade de *recordar* e de *viver* este *sentido* e estas *palavras de amor* sem posse, com a mesma intensidade de Jesus, está particularmente expressa no carisma da virgindade cristã.

Em cada vocação, o itinerário afetivo estimula a fazer estas considerações: você é capaz de abrir-se realmente ao dom de si mesmo, quando constrói relações? Interroga-se porventura se a sua afetividade não será demasiado exclusiva e possessiva? Como pensa na beleza da fecundidade do corpo? Acredita que existe uma fecundidade que não passa pela experiência de filhos próprios? Como pensa no matrimônio e na virgindade cristã? Consegue compreendê-los ou justificá-los diante dos outros? Já teve ocasião para refletir e observar o dom da maternidade e da paternidade no matrimônio? Como pensa no dom da virgindade e do celibato pelo Reino, dentro da comunidade cristã?

O domínio da terra

"... enchei a terra e submetei-a! Dominai sobre os peixes do mar, as aves do céu e todos os animais que se movem pelo chão" (Gn 1,28); *"... tudo é vosso, mas vós sois de Cristo e Cristo é de Deus"* (1Cor 3,22-23). O sopro da liberdade torna a corporeidade humana radicalmente diferente das coisas, e exerce um *domínio* sobre elas. O céu e a terra, os animais e as plantas, o alimento

e a vestimenta, cada produto da arte e da técnica, existem em função do ser humano, são instrumentos ao seu serviço: o homem é senhor. Precisamente porque todas as coisas estão ao seu serviço, ninguém pode erguer-se diante do homem como se fosse uma divindade: os ídolos são sempre falsos e nem sequer a sexualidade humana pode tornar-se um ídolo.

Inversamente, nenhuma pessoa pode tornar-se uma coisa. A corporeidade humana, na diferença sexual, exprime este domínio radical que ninguém poderá alguma vez reduzir a pura objetividade. Ninguém fará escravo o seu irmão. A corporeidade humana está extraordinariamente revestida dessa *representatividade* de alguma coisa maior que, por nenhum motivo, pode ser destituída. Exercer esse *domínio* significa que a relação humana vive-se sempre no respeito da liberdade e na gratuidade do assentimento, sem extinguir a referência fundamental ao Absoluto que mantém viva a *imagem*. Na relação humana, feita de corpo e de espírito, está excluída toda forma de permuta que empobreça o corpo da sua singularidade. A comunhão das pessoas nunca é uma confusão de corpos.

Cada cultura, que favorece o bem-estar último da pessoa, conhece bem o valor singular de toda a corporeidade humana, protege o humano em todas as suas formas expressivas, dirige--o para experiências de relação. Se uma sociedade não liberta a corporeidade sexuada do homem de toda forma de anonimato e de mercantilização, acaba por não garantir o exercício da liberdade e por mortificar as mais verdadeiras experiências de amor. Quando a sexualidade se deixa captar inteiramente numa exibição sem referências, quando a posse extingue todas as palavras, quando a estrutura da matéria apaga todas as formas de mistério, vulgarmente não é respeitado o *senhorio do homem* sobre as coisas, e a sexualidade humana exprime-se apenas nas insinuações sub-reptícias da violência. A liberdade é mortificada e morre a pessoa.

Para um crescimento real e uma comunicação afetiva mais profícua, é útil um confronto sobre este tema. Você está em condições de formular um itinerário educativo que o leve a ser cada vez mais senhor das coisas e dos impulsos corporais? Sobre que aspectos você deveria insistir mais para construir um *senhorio* sobre si mesmo, sobre os instintos imediatos, sobre os impulsos espontâneos do momento e sobre todas as provocações que tendem a encerrar a sexualidade humana nas formas de mercantilização? Como é que a sua família de origem, a sua comunidade e as pessoas que o amam poderão ajudá-lo?

A beleza

"*E Deus viu tudo quanto havia feito, e era muito bom [belo]*" (Gn 1,31). A beleza é um equilíbrio difícil e frágil que aproxima muito de Deus; ela precisa da matéria, mas nunca se detém nela, pois até a obriga a dizer mais do que por si mesma consegue dizer: uma beleza que se detém apenas na materialidade logo fenece. Plotino dizia que "a melhor parte da beleza nunca poderá ser expressa pela pintura". A beleza compõe-se de matéria, forma e medida, e oferece-se a um espírito contemplativo. A beleza tem história, contextos, horizontes mais amplos, alusões, *cenografias;* a beleza nunca é *obscenidade.*

Todos precisam de uma introdução à beleza, assim como temos de estar realmente presentes para podermos contemplar o belo: ver uma coisa implica responsabilidade. Perante a beleza, nunca nos *di-vertimos*, antes, nos *con-vertemos*:* não se trata de um movimento de distração, de dispersão, de um deixar-levar; é, primeiro, um exercício libertador de concentração, de recolhimento, de escuta, de respeito, um investimento de energias, um ato moral. A contemplação da beleza é uma experiência autenticamente humana.

Quais são as possibilidades que você procura e que exercita para se educar para a contemplação da beleza? Educa-se para a delicadeza da expressão e do trato? Sabe gerir com responsabilidade o tratamento de si mesmo, do seu corpo, em relação ao alimento e ao modo de se vestir, sem ser vítima de um requinte exasperado ou de um desleixo irritante? Nota alguma forma de idolatria no cuidado que tem consigo mesmo? É capaz de *falar, ler* e *olhar* para as expressões mais belas da nossa cultura, sem se perder em curiosidades inúteis ou em imaginações que empobreçam a delicadeza do corpo e do coração? É capaz de escolher? Consegue raciocinar enquanto escuta e enquanto vê? É prudente e sincero no que procura? Sabe apreciar as coisas belas? Está construindo em si mesmo uma capacidade crítica? Sabe conjugar pobreza e beleza?

---

* Ainda mais uma vez, o autor joga com o sentido etimológico das palavras: nunca podemos afastar-nos da beleza, pois somente podemos voltar-nos para ela, porque a beleza não existe para nossa diversão, mas para nos tornarmos mais belos, globalmente melhores. (N.T.)

CAPÍTULO 6

O itinerário afetivo-espiritual

Luz do Evangelho

O Evangelho, que é graça de Deus para os homens, tem uma extraordinária capacidade de provocar mudanças mesmo nos comportamentos afetivos. Embora Jesus não tenha iniciado o anúncio do Evangelho com a proposição de uma ética sexual, mas com o convite à fé e à disposição do coração a uma conversão individual, o seu anúncio atingiu a totalidade da pessoa, em toda a sua riqueza espiritual e corporal. Jesus anunciou o Evangelho dizendo que o Reino de Deus está próximo e que a sua presença era uma presença de bem; mas também propôs as bem-aventuranças como promessa, graça e compromisso-empenhamento para cada homem. De fato, a pureza do coração é a forma da autenticidade absoluta que implica certamente a castidade, mas, sobretudo, exclui do nosso lado toda forma de hipocrisia.

Também podemos anunciar o Evangelho, recordando os modos como Jesus amou: a sua capacidade de perdoar, de curar, de ir ao encontro das pessoas. Ele trouxe esperança, indicou caminhos de sacrifício, viveu paciência e precaução contra a morte; tudo por amor. Nessa confiança extrema, Jesus ressuscitou, e o seu amor, juntamente com o daqueles que observam a sua palavra, torna-se fecundo. Jesus, uma pessoa extraordinária, simultaneamente humana e divina, capaz de ternura, atenção, comoção e lágrimas, amou assim: amou perdoando. Nesse sentido, as páginas do Evangelho são um testemunho irrenunciável: nelas há diálogos de uma força evocativa fortíssima. É precisamente nestas páginas que se deve basear para uma verdadeira educação ao amor, porque é nelas que se começa a anunciar a luz do Evangelho sobre a sexualidade humana.

Seguindo este itinerário, na educação afetiva de um jovem também entram a oração, a caridade e o amor aos pobres, que encontram a sua expressão em algumas formas de serviço. No interior dessa rosa concêntrica da caridade, também a experiência da sexualidade humana, em todas as suas expressões, acha a sua justa colocação com um equilíbrio possível. É difícil que uma pessoa seja casta e só casta; quando uma pessoa vive bem a sua sexualidade, é porque também e simultaneamente leva uma vida de oração, de caridade, de afeto fraterno, de amizades diversificadas, de serviço aos outros e de dedicação generosa. Todas as expressões da pessoa se reduzem à unidade: uma pessoa preguiçosa, que não é solícita, nem sincera, nem autêntica, que não se dá nem se satisfaz consigo mesma, tampouco busca todas estas características positivas da caridade, dificilmente conseguirá gerir positivamente as energias globais e contrastantes do seu corpo. Num cristão, a castidade nunca vive sozinha.

Itinerário espiritual

A harmonia está sempre em estreita relação com uma mais completa sensibilidade espiritual; um corpo espiritual ajuda a estarmos vigilantes e atentos à leitura da realidade que nos circunda, capazes de sugestões evangélicas. Um rapaz e uma moça castos predispõem-se de maneira mais decidida às intuições e às inspirações que provêm de Deus, tendo no coração o desejo profundo de cultivar a oração e de estar ao lado daqueles que sofrem.

Muitas vezes, as gerações jovens debatem-se com certa confusão afetiva: a sua busca não aspira a um único objeto, porque, por vezes, a legítima necessidade afetiva é exasperada pela falta de horizontes culturais verdadeiramente significativos e pela falta de modelos credíveis e tranquilizadores. Neste caminho, a sexualidade não é somente uma questão de ética religiosa ou de consciência individual, mas é um instinto de confusão generalizada que abrange o mundo juvenil; na verdade, é frequente não disporem de itinerários de educação da vontade, porque a função política perdeu o seu papel educativo, tornando-se fonte de desagregação. A tudo se devem acrescentar os cansaços e as tensões da vida cotidiana, as ansiedades por um futuro carregado de incertezas e as promessas muitas vezes não cumpridas pelas instituições, que produzem nos jovens uma frustração prática e motivacional. Embora não faltem, na vida de todos os dias, algumas comodidades desordenadas, muitas vezes transparece uma carência de perspectivas e de trabalho, independentemente da ilusão das metas fáceis e imerecidas. Certa imaginação de grandeza e alguma desadequação perante a realidade influenciam muitíssimo na caminhada afetiva dos jovens de hoje.

A experiência dos afetos torna-se inevitavelmente o contexto mais imediato em que se encontram simultaneamente todos esses conflitos, contradições e possibilidades de bem e de mal. No horizonte de um crescimento juvenil, a relação entre a experiência afetiva e o itinerário espiritual torna-se uma coisa séria. A ética dos afetos não visa somente à questão da ética sexual. Educar os afetos, ainda antes de ser uma tarefa da comunidade cristã, é um dever da comunidade civil. A linguagem afetiva, como experiência emocional radicada na diferença da sexualidade, permanece uma contínua preocupação sincera de todo o itinerário educativo cristão; nesta grande tarefa educativa, as comunidades cristãs têm uma vocação especial a que devem responder: são chamadas a dar vida a uma caminhada estruturada no interior do crescimento espiritual dos jovens. Trata-se de dar vida a um estilo de relação e de acolhimento, acompanhado pela explicação de um conteúdo doutrinal; é necessário criar um clima de confiança e confidência, antes mesmo de entregar aos jovens um também necessário código ético.

Dentro de um itinerário espiritual, a relação afetiva e a sua base emocional constituem um lugar privilegiado onde se podem colocar, antes de mais nada, a linguagem da oração, a exposição das nossas necessidades e a narração humilde da nossa pobreza. A beleza, a pobreza, a alegria e a fraqueza, na configuração afetiva, caminham frequentemente juntas. Umas vezes, compreende-se com clareza o caminho a percorrer; outras, quando se acende em nós um conflito de consciência acerca de um sentimento ou de um gesto, como que mergulhamos numa certa escuridão. Diante de cada expressão de amor, precisamos perguntar a nós mesmos, com sinceridade: trata-se de um verdadeiro amor ou será egoísmo? Nasce de um abandono confiante ou de algum cansaço? É o êxodo, a fuga a uma solidão insuportável, ou um desejo real de compartilhar? É expressão de uma falta de paciência ou de uma vontade? Para o cristão, quando se trata de comunicar através do seu corpo, existe sempre a necessidade coerente de certezas, fruto de uma pluralidade de dons do Espírito. Muitas vezes, é necessário um confronto, uma relação confiante, uma direção espiritual.

Comunidade cristã

A possibilidade de confusão, intrínseca ao gesto corporal, vai progressivamente se dissolvendo, se explicando, à procura do entendimento da fé. Esta clarificação da mente e do ato exige ser acompanhada com respeito; por vezes, precisa ser apoiada com o perdão, com o confronto, com o encorajamento e com a paciência.

A comunidade cristã é um dos lugares privilegiados para esta confidência espiritual. Por isso, a comunidade dos adultos procurará, na medida da graça recebida e da riqueza das suas relações, assumir este papel: as relações pessoais, conduzidas com humildade e com tato, devem estar antes dos projetos e das sociografias religiosas. Também é útil recordar que, hoje mais que nunca, a introdução à experiência cristã não começa com a assunção adquirida de uma ética cristã da sexualidade; mas este *voltar a ser* cristão inicia-se precisamente numa atitude de escuta e de compreensão perante uma sincera necessidade afetiva.

Para jovens cristãos, a relação entre maturação afetiva e experiência da fé não pode deixar de se enfrentar no interior da comunidade. Também o sacramento do Matrimônio, como todo sacramento, não é redutível exclusivamente à esfera do privado; é desejável que a comunidade adulta se arrisque e consiga enfrentar este delicado tema educativo, porque só nela se pode conservar de modo harmônico e convincente o itinerário afetivo e sexual dos jovens. A cultura dominante já não conserva essas passagens, mas se esforça por ocupar-se do fracasso das emoções e dos instintos; atira-se à gestão da fase inicial da experiência afetiva, marcada sobretudo pela exuberância dos sentidos e pelo perfil econômico. Contudo, quando o amor enfraquece ou encontra dificuldades, quando a sexualidade apaga pouco a pouco os seus significados e a relação espontânea se consuma, quando o instinto se extingue ou se confunde e nos encaminha para a morte dos significados e da duração da experiência afetiva, então, é muito frequente que a indústria cultural contemporânea já não tenha energias suficientes para dar nova motivação à vida.

Em todo este percurso evolutivo, continua a ser tarefa e oportunidade da comunidade cristã tecer, com equilíbrio e paciência, o bem dos seus filhos. A comunidade guiará os rapazes e as moças e os jovens casais numa esperança jubilosa, e vai acompanhá-los concretamente ao longo da sua caminhada, para que, crescendo, amem na alma e no corpo, num desenvolvimento correto da pessoa e do casal. A pertença à Igreja deve ser vivida pelos jovens cristãos como uma riqueza ulterior para a educação do seu corpo, dos seus afetos e dos seus sentimentos, embora muitas vezes, infelizmente, a considerem um freio ou um grande obstáculo, por uma pressuposta incompreensão. Por outro lado, é justo reconhecer que cresce notavelmente, nas novas gerações, o desejo verdadeiro de serem acompanhados por uma progressiva integração afetiva que se desenvolva dentro da uma autêntica experiência de oração e de vida espiritual vibrante.

Doutrina espiritual

A comunidade cristã sente a necessidade e a graça de saber interpretar e acompanhar as vivências reais da pessoa, mesmo através da verdade antropológica da sexualidade, em que o corpo é compreendido como palavra, como símbolo e como ambiguidade, mas, sobretudo, nota a possibilidade e a alegria de expor a verdade da revelação sobre o mistério da sexualidade humana. Deus deu-nos uma palavra sobre isto, uma palavra que atravessou a história, de muitos modos, no tempo e no espaço (cf. Hb 1,1s), e, no fim, tornou explícito o seu dom ao oferecer à humanidade o corpo de Jesus.

Em Jesus, encontramos o cumprimento e a plenitude da revelação de Deus. A partir de toda a história da revelação e das páginas da Escritura, a comunidade cristã volta a se apropriar, com liberdade, com profundidade e discernimento, de tudo aquilo que a tradição cristã diz da sexualidade humana, sobre o sacramento do Matrimônio e sobre a profecia da virgindade. A verdade da revelação ajuda-nos a compreender muitos aspectos da sexualidade humana. Debrucemo-nos agora brevemente sobre três pensamentos.

Em primeiro lugar, a necessidade de saber sustentar a diferença sexuada como lugar de revelação da imagem de Deus. Trata-se de um dado bíblico irrecusável: não podemos olhar para a relação entre o homem e a mulher sem, de algum modo, sermos remetidos para a percepção, nesta relação, de uma imagem universal de Deus. Se o homem e a mulher não gerirem adequadamente estas relações, perderão alguma coisa não somente da verdade de si próprios, mas também da verdade de Deus. Esta persuasão deve ser proposta e aceita pela consciência juvenil, porque constitui uma riqueza acerca da fisionomia do seu próprio amor, mostrando, sem sombra de equívoco, a beleza e a pureza da revelação.

Em segundo lugar, a revelação cristã sugere a necessidade de ler a corporeidade como lugar em que habita o Espírito Santo. Toda a teologia de Paulo pretende indicar a fecundidade desta doutrina espiritual, rica de belíssimas referências práticas e de orientações educativas produtivas.

Afirmar que a estrutura corporal humana é habitação do Espírito significa sustentar que a relação de amor em cada vocação pode fazer emergir, da nossa própria experiência emotiva, sensitiva e corporal, aquilo que de precioso conservamos de Deus; portanto, a diferença sexuada continua a ser uma preciosa fonte de revelação e de sentido para a vida do homem.

Por fim, ainda a propósito da relação corporal, a revelação fornece-nos um critério interpretativo extraordinário; convém recordar e fazer com que, sobretudo no amor de casal, *"acima de tudo, haja caridade"* (cf. 1Cor 13,1–14,5; Rm 12,1-21). O homem e a mulher procuram-se e estão juntos porque, juntos, aprendem a amar mais.

Maturidade vocacional

Há comunidades em que estas perspectivas conseguem tornar-se pensamento comum, experiência pensada, orada e cultivada por homens e mulheres, cada qual segundo a sua vocação (leigos, consagrados/as e ordenados). É necessário fazer com que a riqueza desta tradição manifeste expressões novas e mais consentâneas com a nossa história. Cada um deve realizar um esforço de novidade objetiva, independentemente das suas recordações e das suas vivências, para além das suas feridas, dos seus medos e dos seus complexos. Será certamente fecundo voltar a uma leitura inteligente das vivências reais das pessoas, através da divulgação de uma verdade antropológica sobre a sexualidade e de uma verdade que deriva da revelação sobre a diferença sexuada do homem e da mulher. São estas as tarefas iniciais de uma comunidade que reflete sobre a educação afetiva dos jovens.

Se houver modelos credíveis e educadores adequados, será possível construir uma experiência afetiva cristã. A comunidade cristã deve mostrar namorados e noivos que se amam, esposos entusiastas pelo seu amor, pessoas alegres, críveis, inseridas na cultura e na história. Gente bela de se ver e que tranquiliza, quando encontrada. Através dos consagrados e dos leigos, dos pastores e dos teólogos, dos monges e dos políticos, a comunidade cristã deve mostrar, de modo coerente, tanto no aspecto da afetividade quanto no da sexualidade, que o sacrifício e a castidade só existem para que haja uma humanidade mais plena e um amor maior. Só assim a ética cristã sobre a sexualidade poderá reconquistar a sua credibilidade entre os jovens.

Nem sempre é fácil propor modelos verdadeiramente críveis. Por conseguinte, é necessário ter sempre presente que, às vezes, há pessoas que, independentemente da concupiscência humana comum, têm dificuldade em assumir os critérios do Evangelho, a propósito da sexualidade, não porque não amem Jesus, mas talvez porque ainda não o conheceram a fundo; e, por isso, o seu comportamento não é fruto de uma recusa de viver a plenitude do amor de maneira pura e serena. É frequente que alguém abandone o itinerário educativo cristão, porque a comunidade não consegue acolher nem interpretar as suas vivências, para dirigi-las crivelmente para modelos maduros do amor. O estilo de vida que a comunidade cristã propõe deve estar em sintonia com as exigências reais do crescimento afetivo dos jovens, sem, por isso, assumir como critério a espontaneidade dos comportamentos.

O itinerário educativo em direção à construção de vocações maduras é longo e tem passagens quase obrigatórias. Em primeiro lugar, é necessário favorecer ocasiões para estabelecer relações profundas que devem ser uma das preocupações mais importantes da comunidade: é preferível e melhor criar contextos de relações do que garantir a grandiosidade de estruturas.

Em segundo lugar, é indispensável preocupar-se com a construção de uma vivência espiritual concreta em cada uma das pessoas: a educação para a afetividade implica essencialmente uma profunda educação para a oração e para a relação com o Senhor. Não se educa para a afetividade sem itinerários espirituais concretos e completos; o corpo deve ser enriquecido simbolicamente com a educação para a leitura e para o pensamento, com a proposição de caminhos espirituais pessoais e diferenciados, através da prática da ascese e do autodomínio, do gosto pelas coisas sóbrias e pelas coisas belas, do sentido da limpeza e da ordem, da precisão e da responsabilidade perante os seus deveres cotidianos, da alegria e do cansaço do trabalho.

A vivência espiritual de cada pessoa deve ser uma preocupação constante e permanente do educador e de toda a comunidade, quer num grupo, quer num oratório. Se numa comunidade não houver vocações maduras que dediquem o seu tempo a ajudar os jovens a ganhar consciência do belo e do verdadeiro, discutindo a fundo sobre um filme, um fato social ou um evento cultural; se nunca se falar daquilo que vai além das vivências próprias de cada um, para, através delas, chegar às dificuldades alheias; se não houver discursos de fundo e o confronto for sempre frouxo ou quase inexistente, então, hoje, será praticamente impossível uma educação afetiva que favoreça o florescimento completo dos frutos do Espírito.

Quando se consegue mostrar concretamente a beleza das diversas vocações, dentro das quais se realiza o amor, testemunha-se uma existência real de vida espiritual e de riqueza afetiva. Uma comunidade que não é capaz de apresentar diversidade e plenitude de vocações empobrece-se e tem dificuldade de transmitir uma educação para o amor; existe uma riqueza de vida que se aprende da virgindade consagrada e existe uma beleza que se só se alcança pelo matrimônio.

CAPÍTULO 7

O namoro e o noivado

A confiança

São infinitas as condições para que hoje as pessoas se encontrem. Também são originalíssimos os estilos e as linguagens com os quais homens e mulheres decidem estabelecer relações. A *questão do amor* apresenta-se por meio das atenções e experiências verdadeiramente muito heterogêneas, por vezes surpreendentes pela intensidade e pela duração. Hoje, o termo *amar* exprime uma gama variada de intenções e de propósitos: o percurso para a união de alma e corpo já não é linear nem igual para todos, como se fosse obrigatório, nem muito menos está consolidado por uma cultura capaz de propor modelos homogêneos.

Precisamente por isso, na nossa cultura, o período do *namoro e do noivado* pode exprimir uma experiência *singular,* não genérica, tendente a conduzir um homem e uma mulher a se estabelecerem numa experiência concreta do amor. Num contexto em que a união entre um homem e uma mulher pode acontecer de fato, no matrimônio ou fora dele, numa convivência estável ou em aventuras ocasionais, *namorar e estar noivos* significa algo mais do que simplesmente *decidir casar-se* ou *viver juntos*. O namoro e o noivado são diferentes de um simples encantamento que se consome em momentos bem precisos e reúne determinadas funções emotivas e psíquicas da pessoa; trata-se de um tempo prolongado de confiança mútua em que *um homem e uma mulher se prometem um ao outro* para aprenderem a se conhecer e a se acolher para um matrimônio fiel.

Isto significa que pode haver casamento, mesmo sem se ter namorado, ou, ao invés, que se pode legitimamente namorar e estar noivos sem, por fim, se casar. De fato, o namoro e o noivado qualificam-se como uma experiência querida e cultivada com modalidades e passagens que aprofundam uma relação decisiva para a vida. Neles convergem todas as potências expressivas da pessoa que se encaminha para um processo de abertura ao *outro,* sabendo que nunca poderá reduzir completamente o outro a si. Contudo, o sujeito viverá a esperança de que, ao encontrar a alteridade, vai enriquecê-la na experiência do amor.

Por isso, o namoro e o noivado tornam-se *lugar da promessa,* no qual um homem e uma mulher *se põem diante um do outro, se ex-põem* para diminuir as distâncias que ainda existem entre eles, a fim de que, no futuro, possam viver intensamente juntos. E, antes de tudo, são *o espaço da confiança,* porque essa *ex--posição* mútua requer um perigoso avanço inicial de se darem a conhecer, de se apresentarem, de se revelarem intenções secretas, de descrever gostos e aspirações, sujeitando-se com discrição e verdade à prova do tempo.

É um caminho de aproximação recíproca, em que os contrastes são recompostos; e, enquanto *a diferença* entre os dois se mantém, os dois mundos dos sujeitos interessados fundem-se num *único horizonte* em que o *diá-logo dos significados* ganha nova vitalidade, provocando a alegria de viver. Por isso, o namoro e noivado definem-se como uma intencionalidade de comunhão total; nada ficará excluído desta comunhão. Casar-se sem ter namorado e estar noivos exprimirá precisamente o alto risco de uma possível e duradoura comunhão de vida. A caminhada paciente dessa fecunda promessa conhece diversas passagens.

As intenções

A promessa do noivado exprime a reunião apaixonada e desarmada de todas as intenções de uma consciência corporal: a pergunta *"o que você pensa?"* está continuamente presente e alimenta o desejo de saber. A partir do anseio do *"o que você pensa de mim?"*, chega-se até a abarcar todos os outros pensamentos. É espontâneo desejar entrar em todo o horizonte da consciência do outro, porque só neste olhar completo e recíproco sobre o mundo se pode encontrar segurança, alimentar a confiança e experimentar a paz. O jogo das intenções recíprocas, ao se permutarem, produz a sinceridade; e a sinceridade é o terreno mais seguro em que dois namorados e noivos podem legitimamente enfrentar uma reflexão sobre o amor e sobre o matrimônio. O fato de se porem em comum *intencionalidades* constitui o primeiro patrimônio recíproco, aparece como uma primeira casa a habitar, é o lugar de uma primeira proteção mútua. Num confronto de casal é útil perguntar-se quais são as intenções e os desejos que se dispõem a enfrentar numa reflexão sobre o amor e sobre o matrimônio. Por fim, será importante interrogar-se sobre que valor se atribui, nesta reflexão, à história da própria fé e ao próprio sentido religioso.

As raízes

Quando num casal o horizonte das intenções se funde num projeto comum, então, emerge e deve emergir a função da temporalidade e da história dos dois sujeitos: já não basta *interrogar-se sobre o presente*. Torna-se necessário conhecer o seu passado e *o contexto* do seu passado. Sente-se a necessidade de *entrar no mundo que formou o sujeito amado;* gostar-se-ia de participar da sua história, de ter visto as suas imagens, de ter provado os seus sentimentos e sensações; encontra-se diante daquele intenso e indispensável processo de quem quer atingir *as raízes* do seu interlocutor. Para alguns, essa *entrada* na história do outro poderá ser um desejo; para outros, representará um exercício fatigante. Portanto, vai-se prestar atenção à história familiar dele, ao perfil psicológico e cultural dos seus pais; vai-se querer saborear as tradições e as sensibilidades das suas amizades precedentes. Progressivamente, irão se descobrindo os lados positivos e negativos dos sujeitos implicados, em relação às coisas e às pessoas e, imprevistamente, haverá uma tomada de consciência das interferências dos pais e das necessárias liberdades a manter. Tornar-se-ão mais realistas acerca das autonomias a vigiar e as proximidades a promover. Os namorados e noivos, ao interpretarem as suas raízes, saberão prever as aproximações e os afastamentos para operarem no novo arranjo da sua vida em comum.

A reflexão sobre a sua história comporta o tema das raízes, das separações e da superação das suas solidões:

> A solidão apresenta-se, então, como uma condição inapagável da existência humana, mas saber viver com ela representa, da

parte do indivíduo, a confirmação de que se alcançou uma maturidade e um autoconhecimento profundo relativo ao seu universo interior. Por isso, as transformações afetivas têm o valor de indícios particularmente preciosos para a vida psíquica de cada pessoa, e embora frequentemente aconteça que os nossos sentimentos possam aparecer constelados de tons escuros e dramáticos, e de elementos desestruturantes, eles são, ao contrário, os melhores guias e representam o espaço privilegiado para dar expressão a uma nova leitura de si.[1]

Por isso, é útil um confronto sobre a história das famílias de ambos, sobre o perfil psicológico dos seus pais, sobre as suas interferências e as garantias mútuas de liberdade, de autonomia, de aproximações, de dedicações e de afastamentos.

As palavras

O namoro e o noivado são as estações em que um homem e uma mulher devem aprender a *falar um com o outro*. Este elemento é tão determinante que, em algumas tradições locais, a modalidade de definir a experiência do namoro e do noivado centra-se justamente neste aspecto relacional; de fato, muitas vezes, para afirmar que dois indivíduos namoram, diz-se – ou dizia-se – simplesmente: *"Aqueles dois são conversados, conversam"*. Aprender a falar um com o outro numa comunicação profunda não é um exercício espontâneo. Sustentar a qualidade das conversas, exprimir-se por palavras sentimentos e pensamentos, formular desejos escondidos, são tudo experiências que dizem a verdade dessa *aproximação mútua*. O campo do diálogo

---

[1] Cf. CAROTENUTO, op. cit., pp. 147-157.

é vastíssimo: existem assuntos de que se fala e outros que voluntariamente se evitam; há aspectos que se deseja escutar do outro, mas também palavras que não se consegue pronunciar ou que se dizem por meio de um intermediário. São infinitas as palavras que dois namorados e noivos trocam entre si; por vezes, parece que, nas suas conversas, o tempo para. Falar quando se torna *um verdadeiro diálogo* é realmente *uma convergência* (uma conversação; uma conversa), uma caminhada em direção ao centro, um passar e repassar sobre aquilo que é essencial.

Pensemos nas palavras utilizadas para declarar o amor, nas palavras tomadas de empréstimo de alguém e também nas palavras inventadas por uma pessoa, para determinado momento. Aliás, será necessário refletir sobre as palavras que se usam para dizer a verdade e sobre aquelas que servem para mentir; sobre as palavras para agradecer e sobre as usadas para litigar; sobre as palavras sobrepostas e confusas que excluem toda a possibilidade de escuta; e sobre as palavras que caem no vazio, provocando silêncios. Aprender a falar um ao outro é uma maneira de se prometer ao outro: significa preparar uma linguagem para comunicar o amor, mesmo nos períodos mais difíceis. Portanto, é fundamental um exercício que introduza a qualidade das conversas e é necessário verificar a riqueza dos argumentos, a profundidade do confronto, as coisas que se dizem e as que são caladas.

Os gestos

Contudo, a comunicação verbal não é a única comunicação existente numa relação de namoro e noivado. Existem outras comunicações, que *se explicam* mediante a palavra, mas que se propõem de maneira simbólica, mais complexa e codificada. Esta comunicação aparece no amplo vocabulário da gestualidade. Os gestos devem ser bem *geridos:* é necessário encontrar as harmonias certas, os equilíbrios corretos, as proporções adequadas, os tempos propícios para se exprimir. Cada sinal e cada posição do corpo fornece uma gestualidade para a comunicação. O choro, o riso, a proximidade, as várias inclinações do sorriso ou o mostrar-se irritado dizem que tudo é gesto e que cada gesto é passível de interpretação. Nunca há uma pura materialidade do gesto ao se exprimir, tal como nunca existe uma pura interpretação que não seja suportada por alguma exibição material do corpo. As manifestações de afeto ou de litígio, os sinais do desgosto ou da impaciência, as ansiedades da espera ou do desejo exprimem-se sempre em gestos precisos e singulares.

No tempo do namoro e do noivado é necessário aprender a conhecer também a gestualidade do outro. Aprende-se a gerir as emoções e as indiferenças, as simpatias e as antipatias mútuas, o que é espontâneo e o que deve ser procurado. O conhecimento, a aceitação e a correção mútua da própria linguagem corporal devem ser cultivados durante o namoro; aliás, essa precaução é uma ajuda e infunde segurança e bem-estar em relação ao futuro pessoal, porque evita a desventura da incomunicabilidade. Juntos, aprende-se a gerir globalmente as emoções, os ensimesmamentos e as cristalizações; modulam-se as simpatias e as antipatias, inicia-se o conhecimento das riquezas, do equilíbrio e da propriedade das manifestações afetivas. Aprende-se a distinguir o que é natural do que deve ser aprimorado.

As paciências

Aprender a amar também significa *esperar pelo outro:* as experiências de dois namorados passam inevitavelmente pelos imprevistos e pelos hábitos, os tempos e os contratempos, as coincidências e os mal-entendidos.

A paciência torna-se uma arte que se constrói na medida do amor: há um tempo para perguntar e um tempo para receber respostas, para prevenir e para se desculpar, para captar os momentos certos e para transformar as incompreensões em bem.

Pouco a pouco, vão-se aclarando os motivos da estima e os da lamentação. Portanto, saber esperar torna-se um modo eficaz para evitar que todas as ocasiões possam tornar-se um pretexto para deixar de confiar.

A paciência é a capacidade de conjugar *o tempo* com *o valor*. É uma conjugação difícil, mas necessária: muitas vezes, ela introduz situações e dificuldades que não dependem imediatamente dos interessados ou de sua vontade, mas exprime a difícil e lenta caminhada da história. Outras vezes, essa conjugação da paciência revela, não certamente a incapacidade, mas a tomada de consciência da dificuldade de mudar algum traço do nosso temperamento e da nossa configuração mais profunda.

Há uma impaciência consigo mesmo que é preciso desfazer, mas também uma impaciência do outro que deve somente perdoar. A promessa mútua, no namoro e no noivado, inclui o exercício destas paciências, porque amar também significa "esperar pelo outro".

Os medos

Ligar-se ao futuro é uma tarefa fascinante, mas também um risco. A precariedade da vida cotidiana, a fragmentação da cultura ocidental, o extinguir-se de interpretações sintéticas que dão razão ao mundo e à vida são problemáticas que fazem refletir. Ver o fracasso de algumas uniões afetivas que, à primeira vista, pareciam sólidas e definitivas contribui certamente para fazer nascer, em namorados, um inevitável sentimento de medo. E, no entanto, é nesta circunstância que o sentido da *promessa recíproca* e o exercício da liberdade atingem o seu significado mais alto. Apostar no futuro é uma das provas mais credíveis da disposição ao dom.

Para desfazer eventuais medos, dois namorados precisam alargar o espaço da sua consciência e da sua entrega mútua, de modo a se sentirem mais fortes e ancorados numa tradição comum. Ao se exprimir numa interpretação mais codificada do mundo, esta tradição vai conduzi-los à elaboração de uma série de significados e de valores que ultrapassam a sua percepção momentânea. Trata-se de descobrir o rosto humano das instituições que ajudam a fornecer maior estabilidade e capacidade de resistência nas situações inevitáveis da vida.

Os namorados aprenderão a se interrogar e a responder um ao outro sobre as garantias de que necessitam; vão se habilitar a viver e a definir juntos as escolhas e experiências que os neutralizam diante de possíveis e exasperadas formas de ansiedade. Compartilhar os seus medos pode constituir o início de novas formas de encorajamento mútuo, num abandono mais raciocinado e confiante. Para dois namorados, a promessa de fidelidade recíproca não é simplesmente uma questão do *depois,* mas já é uma característica presente do seu amor.

Os projetos

Amar-se significa também sonhar juntos. Uma forte carga projetiva é de fato uma garantia da intensidade de uma relação que se vai aprofundando. É o sinal de uma confiança bem radicada, pronta para investir energias espirituais e materiais num desígnio que, partindo das próprias pessoas, se alarga velozmente às próprias coisas até desejarem ter juntos *uma casa*.

Inventividade, originalidade e realismo aparecem, então, como sinal de uma forte ligação recíproca que se torna cada vez mais sólida e pronta para se desprender das coisas e pessoas que constituíam, até aquele momento, as mais indiscutíveis seguranças. Quando os namorados não têm projetos, devem interrogar-se seriamente sobre a verdade da sua relação: por vezes, a incerteza e a excessiva demora em fazer projetos e em pensar tempos e modalidades da sua realização são o sinal de uma relação ainda frágil que exige futuros amadurecimentos. Sonho e realismo devem andar sempre de mãos dadas.

Projetar significa encontrar um acordo sobre as prioridades e estabelecer, com um assentimento maduro, o que vale mais e o que menos conta para a própria existência pessoal; é a capacidade de investir e de poupar, de desejar e de se contentar, de possuir e de não se importar. Um projeto adequado suscita alegria e capacidade de trabalho, e não conhece ansiedades injustificadas ou preocupações desproporcionadas. O projetar de dois namorados é gerado pela confiança e desemboca numa confiança mútua consciente: amar-se também significa conseguir falar de tudo o que se deseja para o amanhã.

As orações

Para um casal de namorados cristãos, amar também significa *dar lugar a Deus* no seu amor, um lugar intensamente desejado como espaço do reconhecimento mais expresso: agradece-se continuamente a Deus porque se está convencido de que é ele quem guia a história. Deus está na origem de todos os encontros entre um homem e uma mulher; foi ele quem chamou, quem permanece fiel, quem acompanha hoje e amanhã, sem nunca nos deixar sós. Entre dois namorados cristãos, *cada um ama a fé do outro* e reconhece a sua riqueza inestimável, porque a considera um apoio e uma condição indispensável para fazer crescer o amor até o sacrifício de si.

Por isso, os namorados aprendem a orar juntos: apuram progressivamente esta linguagem difícil, vencendo toda preguiça e todo pudor, encontrando aquelas modalidades próprias que permitem encontrar-se com Deus, em Cristo e na Igreja. A capacidade de orar manifesta, sem equívoco, o reconhecimento maduro de que a experiência cristã torna verdadeira toda expressão de autêntica humanidade, até mostrar a que medida inaudita pode chegar o amor.

Às vezes, a fé, que é ao mesmo tempo uma graça e um problema, não será vivida do mesmo modo pelo casal, mas só então o respeito e a escuta permitirão que caminhem juntos em direção a essa autêntica dimensão da existência humana. A confiança sincera de um no outro saberá conduzir a uma finíssima atenção que fará com que um carregue, no peito, a graça, e o outro, o problema da fé. Se a comunicação for verdadeiramente profunda haverá sempre, e de algum modo, espaço para a oração.

Impresso na gráfica da
Pia Sociedade Filhas de São Paulo
Via Raposo Tavares, km 19,145
05577-300 - São Paulo, SP - Brasil - 2012